Reforma Processual Penal de 2008

Dados Internacionais de Catalogação na Publicação (CIP)
(Câmara Brasileira do Livro, SP, Brasil)

Silva, Ivan Luís Marques da
  A reforma processual penal de 2008 : Lei 11.719/2008, procedimentos penais : Lei 11.690/2008, provas : Lei 11.689/2008, júri : comentadas artigo por artigo / Ivan Luís Marques da Silva. – São Paulo : Editora Revista dos Tribunais, 2008.

  Conteúdo: Quadros comparativos – Informações doutrinárias – Questões polêmicas – Razões de veto – Revogações.

  Bibliografia.
  ISBN 978-85-203-3321-1

  1. Processo penal I. Título.

08-06641   CDU-343.1(81)(094.56)

Índices para catálogo sistemático: 1. Brasil : Leis comentadas : Direito processual penal 343.1(81)(094.56) **2.** Leis : Processo penal : Comentários : Brasil : Direito penal 343.1(81)(094.56)

Ivan Luís Marques da Silva

Reforma Processual Penal de 2008

Lei 11.719/2008 – *Procedimentos Penais*
Lei 11.690/2008 – *Provas*
Lei 11.689/2008 – *Júri*

Comentadas artigo por artigo

- Quadros comparativos
- Informações doutrinárias
- Questões polêmicas
- Razões de veto
- Revogações

Reforma Processual Penal de 2008

Lei 11.719/2008 – *Procedimentos Penais*

Lei 11.690/2008 – *Provas*

Lei 11.689/2008 – *Júri*

Comentadas artigo por artigo

IVAN LUÍS MARQUES DA SILVA

© desta edição [2008]

EDITORA REVISTA DOS TRIBUNAIS LTDA.
CARLOS HENRIQUE DE CARVALHO FILHO
Diretor responsável

Rua do Bosque, 820 – Barra Funda
Tel. 11 3613.8400 – Fax 11 3613.8450
CEP 01136-000 – São Paulo, SP, Brasil

TODOS OS DIREITOS RESERVADOS. Proibida a reprodução total ou parcial, por qualquer meio ou processo, especialmente por sistemas gráficos, microfílmicos, fotográficos, reprográficos, fonográficos, videográficos. Vedada a memorização e/ou a recuperação total ou parcial, bem como a inclusão de qualquer parte desta obra em qualquer sistema de processamento de dados. Essas proibições aplicam-se também às características gráficas da obra e à sua editoração. A violação dos direitos autorais é punível como crime (art. 184 e parágrafos do Código Penal) com pena de prisão e multa, busca e apreensão e indenizações diversas (arts. 101 a 110 da Lei 9.610, de 19.02.1998, Lei dos Direitos Autorais).

CENTRAL DE RELACIONAMENTO RT
(atendimento, em dias úteis, das 8 às 17 horas)

Tel. 0800.702.2433

e-mail de atendimento ao consumidor: sac@rt.com.br

Visite nosso *site:* www.rt.com.br

Impresso no Brasil
[07-2008]

Universitário Complementar

Atualizado até
[06 - 2008]

ISBN 978-85-203-3321-1

JULIANA,
Obrigado por enxergar o que era difícil de ver,
obrigado por acreditar no meu potencial,
obrigado por me escolher para fazer parte da sua vida.

Apresentação

Foram sancionadas, em junho de 2008, três novas leis que modificaram radicalmente o antigo Código de Processo Penal de 1941. Criadas para a aprovação conjunta com outros três projetos – dois deles ainda em andamento, sobre prisão e sistema recursal –, o ingresso isolado dessas inovações no sistema processual acarretará, sem dúvida, problemas de ordem formal e material.

Diante do expressivo número de artigos alterados, senti-me na obrigação de trazer ao leitor – e aos meus alunos – algumas explicações de ordem formal e material, e apresentar observações críticas construtivas e destrutivas a respeito deste grande impacto no já retalhado sistema processual penal que hoje vige.

Por razões metodológicas, optei por fazer uma divisão deste livro em três partes, cada uma apresentando comentários relacionados a uma das três novas leis que alteraram o CPP:

• Lei 11.719/2008 que cuida dos procedimentos penais;
• Lei 11.690/2008 que trata das provas; e
• Lei 11.689/2008 que trata do Júri.

O intuito do presente trabalho é fornecer aos estudantes de graduação, aos estudantes que se preparam para prestar concursos públicos, aos profissionais da área criminal e aos acadêmicos, uma visão global da reforma com breves comentários de doutrina a respeito de suas mudanças e, de forma despretensiosa, adiantar algumas questões que serão foco de debate entre os que realmente se interessam pelo direito processual penal e dependem dele para seu aprimoramento estudantil e profissional.

Espera-se, com essa edição, atender as necessidades prementes do mercado jurídico e iniciar os necessários debates a respeito desta substanciosa e polêmica reforma.

São Paulo, julho de 2008.

O Autor

Sumário

Apresentação 7

Parte I

Lei 11.719/2008 – Procedimentos Penais 11
    Comentários gerais 13
        1.1 *Vacatio legis* 13
        1.2 Aspectos formais 14
        1.3 Comparativo 14
    Comentários comparativos 15

Parte II

Lei 11.690/2008 – Provas 57
    Comentários gerais 59
        1.1 *Vacatio legis* 59
        1.2 Aspectos relevantes 60
        1.3 Comparativo 61
    Comentários comparativos 61

Parte III

Lei 11.689/2008 – Júri 83
    Comentários gerais 86
        1.1 *Vacatio legis* 86
        1.2 Aspectos relevantes 86
        1.3 Comparativo 86
    Comentários comparativos 87

Considerações finais 187

Resumo das principais mudanças 189

Parte I

Lei 11.719, de 20 de junho de 2008

Procedimentos Penais

Redação da Lei

Lei 11.719, de 20 de junho de 2008

> Altera dispositivos do Decreto-Lei 3.689, de 3 de outubro de 1941 – Código de Processo Penal, relativos à suspensão do processo, *emendatio libelli, mutatio libelli* e aos procedimentos.

O Presidente da República Faço saber que o Congresso Nacional decreta e eu sanciono a seguinte Lei:

Art. 1º Os arts. 63, 257, 265, 362, 363, 366, 383, 384, 387, 394 a 405, 531 a 538 do Decreto-Lei 3.689, de 3 de outubro de 1941 – Código de Processo Penal, passam a vigorar com a seguinte redação, acrescentando-se o art. 396-A:

(...)

Art. 2º Esta Lei entra em vigor 60 (sessenta) dias após a data de sua publicação.

Art. 3º Ficam revogados os arts. 43, 398, 498, 499, 500, 501, 502, 537, 539, 540, 594, os §§ 1º e 2º do art. 366, os §§ 1º a 4º do art. 533, os §§ 1º e 2º do art. 535 e os §§ 1º a 4º do art. 538 do Decreto-Lei 3.689, de 3 de outubro de 1941 – Código de Processo Penal.

Brasília, 20 de junho de 2008; 187º da Independência e 120º da República.

Comentários gerais

1.1 *Vacatio legis*

Esta lei entrará em vigor 60 (sessenta) dias após a data da publicação. Sabendo-se que foi publicada no dia 21 de junho de 2008, deve-se somar 60 dias, incluindo-se o dia da publicação e o dia do término. O § 1º do art. 8º da Lei Complementar 95/1998, com redação dada pela Lei Complementar 107/2001, reza: "A contagem do prazo para entrada em vigor das leis que estabeleçam período de vacância far-se-á com a inclusão da data da publicação e do último dia do prazo, entrando em vigor no dia subseqüente à sua consumação integral". Assim, contando-se os 60 dias, pode-se afirmar que a lei entrará em vigor no dia 22 de agosto de 2008.

1.2 Aspectos formais

A Lei 11.719/2008 modificou a redação de 13 artigos (63, 257, 265, 362, 363, 366, 383, 384, 387, 394 a 405, 531 a 538), incluiu um novo artigo (396-A) e revogou outros 15 (43, 398, 498, 499, 500, 501, 502, 537, 539, 540, 594, os §§ 1º e 2º do art. 366, os §§ 1º a 4º do art. 533, os §§ 1º e 2º do art. 535 e os §§ 1º a 4º do art. 538).

O cuidado especial ficará por conta da alteração do número de alguns artigos e seus respectivos institutos processuais que já tínhamos memorizado (por exemplo, o art. 43 que cuidava do recebimento da denúncia; o art. 500 que tratava das alegações finais; o art. 594 que tratava do recolhimento do réu à prisão para apelar; entre outros).

À primeira vista, pode parecer que junto com a revogação desses artigos desapareceu do sistema processual penal os respectivos institutos. Essa informação não procede. Seu conteúdo sofreu alguma alteração e migrou para outros artigos com nova numeração, que serão abordados um a um no momento oportuno dos quadros comparativos.

1.3 Comparativo

Inicia-se, agora, uma comparação artigo por artigo das mudanças trazidas ao Código de Processo Penal, especificamente, pela Lei ora em comento – Lei 11.719, de 20 de junho de 2008. À esquerda você verá a redação antiga e à direita terá acesso à nova redação dada aos artigos já existentes e ao novo artigo incorporado ao texto do CPP.

Abaixo de cada quadro você irá encontrar, em linhas breves e gerais, destaques sobre as principais inovações trazidas por cada ponto da reforma e, conforme se mostre necessário, a identificação preliminar de eventuais problemas processuais que poderão decorrer das alterações comentadas.

Comentários comparativos

Como era	Como ficou
Art. 63. Transitada em julgado a sentença condenatória, poderão promover-lhe a execução, no juízo cível, para o efeito da reparação do dano, o ofendido, seu representante legal ou seus herdeiros.	Art. 63 (...) Parágrafo único. Transitada em julgado a sentença condenatória, a execução poderá ser efetuada pelo valor fixado nos termos do inciso IV do *caput* do art. 387 deste Código sem prejuízo da liquidação para a apuração do dano efetivamente sofrido.

❋ **O que mudou**

Foi acrescentado parágrafo único ao art. 63 que disciplina a ação civil *ex delicto*.

Após uma condenação definitiva em ação penal, surge para a vítima o direito de pleitear, no juízo cível, uma indenização pelos danos sofridos com a prática do delito.

Antes da reforma, a vítima aguardava o trânsito em julgado da decisão penal condenatória e ingressava na esfera cível em busca de seu legítimo ressarcimento.

Esse direito de pleitear a respectiva indenização permanece inalterado com a reforma.

O que a Lei 11.719/2008 trouxe de novo é a possibilidade de o próprio magistrado criminal fixar na decisão condenatória um valor a ser ressarcido civilmente. A vítima, nos casos em que isso seja possível, já ingressa no juízo cível com um valor pré-fixado pelo juiz criminal, mostrando-se desnecessária a fase de liquidação da sentença penal no civil.

Existem casos, em especial nos crimes contra o patrimônio, em que o valor é de fácil avaliação (como por exemplo no crime de dano, no crime de furto, no estelionato etc.) e o valor a ser indenizado pode ser arbitrado na própria decisão que condena o agente delitivo.

A redação do parágrafo único deixou em aberto para o juiz da Vara Cível, corretamente em nossa opinião, a oportunidade de efetuar nova avaliação ou outra liquidação da sentença criminal em busca do valor real, efetivamente sofrido pela vítima. Ou seja, a fixação pelo juiz criminal do valor pode ser revista sem problemas na esfera civil.

Como era	Como ficou
Art. 257. O Ministério Público promoverá e fiscalizará a execução da lei.	Art. 257. Ao Ministério Público cabe: I – promover, privativamente, a ação penal pública, na forma estabelecida neste Código; e II – fiscalizar a execução da lei.

✳ **O que mudou**

O art. 257 ganhou dois incisos que refletem, exatamente, o que antes estava unificado no *caput*.

A subdivisão busca deixar mais clara a dicotomia existente entre a obrigatoriedade da ação penal por seu titular exclusivo e a atuação como fiscal e executor da lei. Essa execução da lei deve ser lida em sentido lato, pois o promotor de justiça é fiscal do ordenamento jurídico, englobando tanto a lei *stricto sensu* como a Constituição Federal.

Titular exclusivo da ação penal pública, o representante do Ministério Público tem o dever de ingressar com a ação penal se presente, no caso concreto, prova cabal da materialidade do crime e indícios suficientes de autoria, além da ausência de qualquer excludente de tipicidade, de ilicitude e, conforme a hipótese, também de culpabilidade.

No caso da ação penal privada ou subsidiária da pública, o Ministério Público fica incumbido de fiscalizar se a lei e a Constituição Federal estão sendo fielmente observadas pelo querelante, pelo réu, pelo defensor e pelo magistrado. Qualquer atuação contrária aos interesses do ordenamento jurídico, compete a ele, promotor, agir em busca do reequilíbrio de partes e da imparcialidade do magistrado com os instrumentos que lhe são conferidos.

O representante da Instituição Ministério Público estadual é chamado funcionalmente de promotor de *justiça*, não de promotor de *acusação*. Importante ressaltar.

Como era	Como ficou
Art. 265. O defensor não poderá abandonar o processo senão por motivo imperioso, a critério do juiz, sob pena de multa de cem a quinhentos mil-réis.	Art. 265. O defensor não poderá abandonar o processo senão por motivo imperioso, comunicado previamente o juiz, sob pena de multa de 10 (dez) a 100 (cem) salários mínimos, sem prejuízo das demais sanções cabíveis. § 1º A audiência poderá ser adiada se, por motivo justificado, o defensor não puder comparecer. § 2º Incumbe ao defensor provar o impedimento até a abertura da audiência. Não o fazendo, o juiz não determinará o adiamento de ato algum do processo, devendo nomear defensor substituto, ainda que provisoriamente ou só para o efeito do ato.

✳ **O que mudou**

O abandono do processo continua a ser proibido pela legislação. A redação do art. 265 – tanto a anterior como a nova – prevê uma conduta de natureza material e sua respectiva sanção.

Atentem-se para o fato da lei mencionar a palavra *processo*, e não a palavra *cliente*. Um advogado poderá abandonar o processo-crime de forma imotivada e continuar atuando na esfera cível, por exemplo, e mesmo assim será penalizado com a multa prevista no art. 265 do CPP.

Causa-nos estranheza a tipificação de uma conduta com a sua respectiva sanção em norma que deveria ser de natureza processual.

Mostra-se a redação deste artigo quase como uma conduta típica e antijurídica fora da legislação penal, que atinge o bem jurídico 'ampla defesa na ação penal'.

Parece-nos que esta situação deveria ficar, apenas, na esfera disciplinar da Ordem dos Advogados do Brasil, que, certamente no caso concreto onde incida o art. 265 do CPP, deverá receber um ofício judicial relatando o ocorrido. O mesmo deve ser observado em relação ao Chefe da Defensoria Pública.

Nem sempre há dolo na conduta do advogado que abandona o processo. Exemplificando, pode ocorrer, apenas, negligência na comunicação processual, o que poderia ser posteriormente esclarecido no âmbito profissional.

Discricionariedade do magistrado: Não há mais a ampla discricionariedade do magistrado – ao menos não de forma literal como era a antiga redação do art. 265 do CPP – na nomeação do chamado advogado *ad hoc* para suprir requisito obrigatório nas audiências, qual seja, a presença do defensor.

Antes, na ausência do defensor o juiz podia nomear, para o ato processual em questão, advogado para o réu. Essa nomeação buscava atender ao princípio constitucional da ampla defesa e impedir futura alegação de nulidade processual.

A prática forense e o bom senso já estavam direcionadas para o que foi positivado pelo novo art. 265 da lei em exame. Se o advogado pedia o adiamento da audiência ou provava, de forma documental ou pessoal a impossibilidade de seu comparecimento, acatando esse pedido o juiz redesignava a audiência para outra data.

A nova lei não dará margem para atitudes protelatórias por parte do advogado mal intencionado, pois, se o magistrado vislumbrar a fragilidade da motivação do pedido de adiamento ou da explicação para a ausência do defensor, o § 2º permite a nomeação de defensor para o ato, coadunando-se com o equilíbrio dos princípios da ampla defesa e da duração razoável do processo.

Há situações em que o Estado gasta muito dinheiro para deslocar um preso de uma Comarca distante até o Fórum. Não pode o Poder Judiciário ficar refém da boa vontade do causídico em deslocar-se até o local previamente estipulado. Vale a ressalva: se o advogado tiver um bom argumento para não comparecer – o que, por si só, já justifica nova data – o ato processual não será realizado sem a sua presença.

Atualização do valor da multa (cem a quinhentos mil-réis): A multa para o advogado que abandonar o processo sem justificativa estava estipulada em réis. Agora, ela foi atualizada para valor fixado entre 10 (dez) a 100 (cem) salários mínimos. A atualização monetária veio com *certo atraso*, mas chegou, para compatibilizar a sanção com o princípio da taxatividade.

Não determinação do adiamento dos atos do processo: A redação antiga foi mantida com uma diferença: a não determinação pelo juiz, do adiamento de algum ato do processo, está umbilicalmente ligada à falta ou precariedade de justificação para o não comparecimento do advogado constituído. Ausente a motivação ou não sendo forte o suficiente, análise que deverá ser feita pelo magistrado competente, realizar-se-á o ato com nomeação de defensor *ad hoc*.

Como era	Como ficou
Art. 362. Verificando-se que o réu se oculta para não ser citado, a citação far-se-á por edital, com o prazo de 5 (cinco) dias.	Art. 362. Verificando que o réu se oculta para não ser citado, o oficial de justiça certificará a ocorrência e procederá à citação com hora certa, na forma estabelecida nos arts. 227 a 229 da Lei 5.869, de 11 de janeiro de 1973 – Código de Processo Civil. Parágrafo único. Completada a citação com hora certa, se o acusado não comparecer, ser-lhe-á nomeado defensor dativo.

✵ **O que mudou**

De forma inédita, ingressa no sistema processual penal a chamada citação por hora certa.

O novo art. 362 do CPP praticamente manteve a redação inicial – *Verificando que o réu se oculta para não ser citado* – mas inovou na conseqüência jurídica para a hipótese.

Oriundo do Processo Civil, num lampejo de unificação do Direito Público com o Direito Privado, o legislador entendeu por bem penalizar o réu que se oculta para não ser citado com uma modalidade de citação que, mesmo não se encontrando o acusado, considera-o citado prosseguindo-se, e isso é o mais grave, com a ação penal à sua revelia.

Decorrência do princípio geral de Direito de que ninguém pode se valer de sua própria torpeza, o acusado será processado e sentenciado pelo simples fato de um oficial de justiça, e não um magistrado, decidir, de forma subjetiva, mas valendo-se das circunstâncias fáticas, que o réu se oculta propositadamente para não receber a citação e desta forma atesta, pleiteando os rigores do art. 362 do CPP.

Parece-nos que teremos muitos problemas em decorrência da nova redação do art. 362 do CPP, pois atribuiu a um funcionário público poderes de decisão que nem mesmo o magistrado tinha antes da reforma. Como poderá o réu restituir-se à situação anterior e provar que todo o processo que correu à sua revelia não poderia ter sido realizado? Qual é a palavra que mais valerá na prática no final da ação? A do réu recém-condenado ou a do oficial de justiça cujos atos administrativos presumem-se legítimos?

Ficando constatada a má-fé do oficial de justiça, responderá processo disciplinar e o ato será anulado, refazendo todo o processo desde a citação. entretanto, trata-se de uma análise subjetiva feita pelo agente público que dificilmente poderá ser contestada no caso concreto. Eventuais evidências desaparecem no tempo e o réu do processo, que seguirá seu curso à sua revelia, não está presente para contestar a modalidade de citação escolhida pelo magistrado com base na certificação do funcionário responsável pela chamada do réu para integrar a ação penal.

Entendemos que agiu mal o legislador. O oficial de justiça tem como atribuição cumprir fielmente os mandados judiciais, que são ordens exaradas pela autoridade judiciária competente. Obviamente não estará o magistrado atrelado ao consignado pelo oficial no processo, mas questionamos: terá o magistrado elementos para contrariar o atestado pelo oficial, nos termos do art. 362 do CPP? Não lhe restará muitas opções a não ser determinar a citação por hora certa e, desta forma, permitir que uma pessoa seja processada e condenada sem exercer a autodefesa, restando, nos termos do parágrafo único, apenas a defesa técnica.

O princípio da *ampla* defesa somente é respeitado de forma *ampla* com a presença, no decorrer da ação penal, da defesa técnica e da autodefesa. Faltando uma dessas modalidades, mitigado estará o princípio e, por razões lógicas, eivada a ação penal de vício passível de anulação futura. Foi justamente para evitar este problema que a redação do art. 366 do CPP foi alterada pela Lei 9.271/1996, para evitar que o acusado fosse processado sem ter ciência disso. Vem agora o novo art. 362, com a citação por hora certa, desequilibrar, novamente, a relação processual e desrespeitar direito individual constitucional do acusado.

A citação por hora certa no processo penal é, em nossa opinião, inconstitucional. Defendemos a viabilidade desta modalidade de citação apenas quando os direitos atingidos por eventual prestação jurisdicional são disponíveis, o que, por óbvio, não é o caso do processo penal.

Para ilustrar nossa preocupação, transcrevemos o § 2º do art. 363 (comentado a seguir) e suas razões de veto para demonstrar certa incoerência sistemática: "§ 2º Não comparecendo o acusado citado por edital, nem constituindo defensor: I – ficará suspenso o curso do prazo prescricional pelo correspondente ao da prescrição em abstrato do crime objeto da ação (art. 109 do Código Penal); após, recomeçará a fluir aquele; II – o juiz, a requerimento do Ministério Público ou do querelante ou de ofício, determinará a produção antecipada de provas consideradas urgentes e relevantes, observando a necessidade, adequação e proporcionalidade da medida; III – o juiz poderá decretar a prisão preventiva do acusado, nos termos do disposto nos arts. 312 e 313 deste Código".

Vejamos justamente as razões de veto deste art. 363, § 2º, no sentido do aqui afirmado: "A despeito de todo o caráter benéfico das inovações promovidas pelo Projeto de Lei, se revela imperiosa a indicação do veto do § 2º do art. 363, eis que em seu inciso I há a previsão de suspensão do prazo prescricional quando o acusado citado não comparecer, nem constituir defensor. Entretanto, não há, concomitantemente, a previsão de suspensão do curso do processo, que existe na atual redação do art. 366 do Código de Processo Penal.

Permitir a situação na qual ocorra a suspensão do prazo prescricional, mas não a suspensão do andamento do processo, levaria à tramitação do processo à revelia do acusado, contrariando os ensinamentos da melhor doutrina e jurisprudência processual penal brasileira e atacando frontalmente os princípios constitucionais da proporcionalidade, da ampla defesa e do contraditório" (grifos nossos).

Pergunta-se: por que o § 2º do art. 363 contraria os princípios mencionados pelo presidente nas razões de veto e o art. 362 não? Parece-nos haver certa incoerência nessa justificativa. Vamos aguardar o posicionamento de nossa Corte Constitucional a respeito.

Como era	Como ficou
Art. 363. A citação ainda será feita por edital: I – quando inacessível, em virtude de epidemia, de guerra ou por outro motivo de força maior, o lugar em que estiver o réu; II – quando incerta a pessoa que tiver de ser citada.	Art. 363. O processo terá completada a sua formação quando realizada a citação do acusado. I – (revogado); II – (revogado). § 1º Não sendo encontrado o acusado, será procedida a citação por edital. § 2º (VETADO) § 3º (VETADO) § 4º Comparecendo o acusado citado por edital, em qualquer tempo, o processo observará o disposto nos arts. 394 e seguintes deste Código.

✳ **O que mudou**

A nova redação do art. 363 simplificou, e muito, a questão da citação por edital. Ao contrário da redação anterior que exemplificava as situações em que o réu não poderia ser pessoalmente citado em razão de epidemia, de guerra, para depois abrir o rol com a afirmação "ou outro motivo de força maior", o legislador, com a nova redação do art. 363 deixou em aberto as hipóteses de citação por edital com uma única hipótese: quando o réu não for encontrado.

Redação dos artigos vetados:

"Art. 363. (...)

§ 2º Não comparecendo o acusado citado por edital, nem constituindo defensor: I – ficará suspenso o curso do prazo prescricional pelo correspondente ao da prescrição em abstrato do crime objeto da ação (art. 109 do Código Penal); após, recomeçará a fluir aquele; II – o juiz, a requerimento do Ministério Público ou do querelante ou de ofício, determinará a produção antecipada de provas consideradas urgentes e relevantes, observando a necessidade, adequação e proporcionalidade da medida; III – o juiz poderá decretar a prisão preventiva do acusado, nos termos do disposto nos arts. 312 e 313 deste Código.

§ 3º As provas referidas no inciso II do § 2º deste artigo serão produzidas com a prévia intimação do Ministério Público, do querelante e do defensor público ou dativo, na falta do primeiro, designado para o ato."

Razões dos vetos:

"A despeito de todo o caráter benéfico das inovações promovidas pelo Projeto de Lei, se revela imperiosa a indicação do veto do § 2º do art. 363, eis que em seu inciso I há a previsão de suspensão do prazo prescricional quando o acusado citado não comparecer, nem constituir defensor. Entretanto, não há, concomitantemente, a previsão de suspensão do curso do processo, que existe na atual redação do art. 366 do Código de Processo Penal. Permitir a situação na qual ocorra a suspensão do prazo prescricional, mas não a suspensão do andamento do processo, levaria à tramitação do processo à revelia do acusado, contrariando os ensinamentos da melhor doutrina e jurisprudência processual penal brasileira e atacando frontalmente os princípios constitucionais da proporcionalidade, da ampla defesa e do contraditório." Em virtude da redação do § 3º do referido dispositivo remeter ao texto do § 2º há também que se indicar o veto daquele."

Nesta hipótese houve a necessária correção à avidez legislativa pela utilidade do processo a qualquer preço. Prevaleceu a ampla defesa e o contraditório.

Fazendo a necessária interpretação sistemática, a regra do art. 366 continua valendo para o acusado citado por edital que não comparece e nem constitui defensor: suspende-se o processo e o curso do lapso prescricional.

Como era	Como ficou
Art. 366. Se o acusado, citado por edital, não comparecer, nem constituir advogado, ficarão suspensos o processo e o curso do prazo prescricional, podendo o juiz determinar a produção antecipada das provas consideradas urgentes e, se for o caso, decretar prisão preventiva, nos termos do disposto no art. 312.	Art. 366. (VETADO) § 1º (Revogado). § 2º (Revogado).

✳ **O que mudou**

As alterações legislativas para o art. 366 do CPP foram vetadas pelo Presidente da República. Desta forma, o art. 366 que trata da suspensão do processo e da prescrição para o réu citado por edital que não comparece e nem constitui defensor estão mantidas.

Vamos analisar quais foram as alterações propostas pelo Legislativo e os motivos do veto pelo Executivo.

✳ **Redação do artigo vetado:**

"Art. 366. A citação ainda será feita por edital quando inacessível, por motivo de força maior, o lugar em que estiver o réu."

✳ **Razões do veto:**

"*Cumpre observar, outrossim, que se impõe ainda, por interesse público, o veto à redação pretendida para o art. 366, a fim de se assegurar vigência ao comando legal atual, qual seja, a suspensão do processo e do prazo prescricional na hipótese do réu citado por edital que não comparecer e tampouco indicar defensor. Ademais, a nova redação do art. 366 não inovaria substancialmente no ordenamento jurídico pátrio, pois a proposta de citação por edital, quando inacessível, por motivo de força maior, o lugar em que estiver o réu, reproduz o procedimento já previsto no Código de Processo Civil e já extensamente aplicado, por analogia, no Processo Penal pelas cortes nacionais."*

O veto da redação do novo art. 366 está relacionado com a manutenção da redação prévia do artigo dada pela Lei 9.271/1996. Prevaleceu a regra de que ninguém será processado criminalmente sem exercer seu direito à ampla defesa (leia-se autodefesa acrescida da defesa técnica) e do contraditório.

Felizmente não foi preciso esperar o pronunciamento do STF pela inconstitucionalidade das novas regras de citação no processo penal, já exercendo esse controle, de forma tempestiva, o Ministro da Justiça com homologação presidencial posterior.

Infelizmente, a mesma conseqüência jurídica não foi prevista em relação ao art. 362 do CPP, que trata da citação por hora certa, com posterior ação penal à revelia do réu com base num julgamento subjetivo do oficial de justiça (vide comentários ao art. 362 do CPP).

Como era	Como ficou
Art. 383. O juiz poderá dar ao fato definição jurídica diversa da que constar da queixa ou da denúncia, ainda que, em conseqüência, tenha de aplicar pena mais grave.	Art. 383. O juiz, sem modificar a descrição do fato contida na denúncia ou queixa, poderá atribuir-lhe definição jurídica diversa, ainda que, em conseqüência, tenha de aplicar pena mais grave. § 1º Se, em conseqüência de definição jurídica diversa, houver possibilidade de proposta de suspensão condicional do processo, o juiz procederá de acordo com o disposto na lei. § 2º Tratando-se de infração da competência de outro juízo, a este serão encaminhados os autos.

❋   O que mudou

Trata-se do já conhecido instituto da *emendatio libelli*.

Neste caso, os fatos narrados na denúncia ou queixa permanecem intactos, alterando-se, apenas, a definição jurídica (ou seja, o artigo utilizado pelo representante do Ministério Público ou querelante para denunciar o acusado).

Exemplificando, "A" desferiu dois socos em "B". Se o juiz, após 30 dias, verificar que a lesão resultou ao ofendido a incapacidade para suas ocupações habituais, modificará a classificação jurídica daquele mesmo fato de lesão corporal leve para lesão corporal de natureza grave, aumentando a pena prevista em abstrato (detenção de 3 meses a 1 ano para reclusão de 2 a 8 anos) utilizando o mecanismo da *emendatio libelli*, ou seja, sem baixar os autos para a defesa se manifestar.

Afirma-se, de forma quase uníssona na doutrina processual penal, que o réu se defende dos fatos descritos na denúncia ou queixa, e não da capitulação jurídica que lhe é atribuída na peça inicial acusatória.

Discordamos de forma enfática dessa afirmação.

As teses da defesa variam, sim, conforme a capitulação jurídica presente na acusação. Para auxiliar vamos exemplificar: imagine um agente delitivo ser denunciado por porte de drogas para uso próprio (art. 28 da Lei 11.343/2006). Não aceita os benefícios da Lei 9.099/1995 e, no momento do magistrado lavrar sua decisão, valendo-se do que diz o art. 383 do CPP, atribui definição jurídica diversa daquela presente na denúncia, alterando a capitulação para o art. 33 da Lei de Drogas, que cuida do tipo penal do tráfico de drogas. Para quem milita na área das ciências criminais, fica evidente o prejuízo criado por força desta modificação, já que uma das teses de defesa para o tráfico de drogas é discutir a quantidade apreendida, o que restou prejudicado no caso da condução da defesa pelo porte para uso próprio.

Este é apenas um dos exemplos para escancarar essa aparente legitimidade propagada de boca em boca, de artigo em artigo, de livro em livro, enaltecendo a regra e apoiando-a na máxima da defesa dos fatos, e não do direito. Situação que se mostra frágil quando levada para o campo exemplificativo dos fatos, afastando-se, de forma irônica e inversa, do campo exclusivamente abstrato.

As novidades trazidas pela reforma encontram-se nos §§ 1º e 2º.

O § 1º traz regra de aplicação da suspensão do processo quando cabível após a nova definição jurídica. Invertendo o exemplo dado, não cabe a suspensão do processo para o traficante, mas cabe, em tese, para o acusado de porte para uso próprio.

O § 2º cuida do deslocamento da competência pela alteração da definição jurídica dada ao fato. É o caso, por exemplo, do juiz que pode alterar a classificação do crime de lesão corporal seguida de morte para homicídio doloso e remeter o processo para o juízo constitucionalmente competente, no caso, o Tribunal do Júri.

Como era	Como ficou
Art. 384. Se o juiz reconhecer a possibilidade de nova definição jurídica do fato, em conseqüência de prova existente nos autos de circunstância elementar, não contida, explícita ou implicitamente, na denúncia ou na queixa, baixará o processo, a fim de que a defesa, no prazo de oito dias, fale e, se quiser, produza prova, podendo ser ouvidas até três testemunhas. Parágrafo único. Se houver possibilidade de nova definição jurídica que importe aplicação de pena mais grave, o juiz baixará o processo, a fim de que o Ministério Público possa aditar a denúncia ou a queixa, se em virtude desta houver sido instaurado o processo em crime de ação pública, abrindo-se, em seguida, o prazo de três dias à defesa, que poderá oferecer prova, arrolando até três testemunhas.	Art. 384. Encerrada a instrução probatória, se entender cabível nova definição jurídica do fato, em conseqüência de prova existente nos autos de elemento ou circunstância da infração penal não contida na acusação, o Ministério Público deverá aditar a denúncia ou queixa, no prazo de 5 (cinco) dias, se em virtude desta houver sido instaurado o processo em crime de ação pública, reduzindo-se a termo o aditamento, quando feito oralmente. § 1º Não procedendo o órgão do Ministério Público ao aditamento, aplica-se o art. 28 deste Código. § 2º Ouvido o defensor do acusado no prazo de 5 (cinco) dias e admitido o aditamento, o juiz, a requerimento de qualquer das partes, designará dia e hora para continuação da audiência, com inquirição de testemunhas, novo interrogatório do acusado, realização de debates e julgamento. § 3º Aplicam-se as disposições dos §§ 1º e 2º do art. 383 ao *caput* deste artigo. § 4º Havendo aditamento, cada parte poderá arrolar até 3 (três) testemunhas, no prazo de 5 (cinco) dias, ficando o juiz, na sentença, adstrito aos termos do aditamento. § 5º Não recebido o aditamento, o processo prosseguirá.

✳ O que mudou

Inovou a nova redação do art. 384 do CPP que cuida da *mutatio libelli*. Respeitou-se, quase que integralmente, a titularidade da ação penal pública, que é exclusiva do Ministério Público, compatibilizando-a com o livre convencimento do magistrado.

Antes o juiz baixava os autos para o representante do *Parquet* aditar a denúncia se houvesse a possibilidade de nova definição jurídica para o fato.

Agora, a redação do artigo desloca para o titular da ação penal pública – o promotor de justiça – a possibilidade de dar ao fato nova definição jurídica. É o representante do Ministério Público quem faz essa análise. E não poderia ser diferente. O juiz não detém a titularidade para trocar a definição jurídica do processo. Vale o que está na denúncia. Se o juiz entender que o réu não praticou o fato descrito na denúncia, mas outro fato qualquer, absolverá o réu no processo em andamento pela ausência de materialidade pelo fato descrito na exordial acusatória.

O juiz não deveria, em nenhuma hipótese, ingressar na esfera da parte acusatória para retificar informações fáticas e jurídicas.

Infelizmente o legislador ficou aquém do que deveria. O § 1º mantém no sistema processual vigente a possibilidade de o juiz discordar do não aditamento da denúncia e remeter os autos para o Procurador-Geral de Justiça.

Em resumo, houve uma melhora na *mutatio libelli*. Devolveu-se ao Ministério Público parcela de sua competência que estava em mãos erradas – na do magistrado –, mas não de forma plena. O juiz, de forma inquisitória, ainda pode imiscuir-se na titularidade da ação penal pública e provocar o incidente do art. 28 do CPP.

Importante: não pode haver condenação por fato diverso do previsto na inicial acusatória (delito culposo para doloso, tentado para consumado, receptação por estelionato, furto por roubo etc.) sem que sejam observadas as regras da *mutatio libelli*. Tal situação representará desrespeito total ao princípio do devido processo legal.

O § 2º reduziu o prazo para a defesa manifestar-se sobre o aditamento de 8 para 5 dias.

Deferido o aditamento, novas provas devem ser produzidas, podendo as partes arrolar até 3 testemunhas no prazo de 5 dias. O réu deverá ser submetido a novo interrogatório, sob pena de nulidade.

O novo § 5º do art. 384 reza: "*Não recebido o aditamento, o processo prosseguirá*". Imaginemos a seguinte situação: o promotor de justiça decide pelo aditamento. O juiz não pode simplesmente não deferir, pois não é o titular da ação penal. Discordando, remete os autos para o Procurador-Geral, nos termos do art. 28 do CPP. O magistrado fica vinculado à decisão do Chefe do Ministério Público que poderá: a) concordar com o aditamento realizado pelo promotor, ficando o magistrado adstrito aos limites objetivos do aditamento (§ 4º, *in fine*); ou b) discordar da hipótese de aditamento da denúncia, concordando com o magistrado, e a ação penal retomará o seu curso regular (§ 5º).

Em linhas gerais, quem deverá ter a iniciativa do aditamento é o titular da ação penal. O magistrado pode não concordar com o aditamento e, somente neste caso, os autos subirão para a decisão final do chefe do Ministério Público.

Como era	Como ficou
Art. 387. O juiz, ao proferir sentença condenatória: I – mencionará as circunstâncias agravantes ou atenuantes definidas no Código Penal, e cuja existência reconhecer; II – mencionará as outras circunstâncias apuradas e tudo o mais que deva ser levado em conta na aplicação da pena, de acordo com o disposto nos arts. 42 e 43 do Código Penal; III – aplicará as penas, de acordo com essas conclusões, fixando a quantidade das principais e, se for o caso, a duração das acessórias;	Art. 387. (...) II – mencionará as outras circunstâncias apuradas e tudo o mais que deva ser levado em conta na aplicação da pena, de acordo com o disposto nos arts. 59 e 60 do Decreto-Lei 2.848, de 7 de dezembro de 1940 – Código Penal; III – aplicará as penas de acordo com essas conclusões; IV – fixará valor mínimo para reparação dos danos causados pela infração, considerando os prejuízos sofridos pelo ofendido;

Como era	Como ficou
IV – declarará, se presente, a periculosidade real e imporá as medidas de segurança que no caso couberem; V – atenderá, quanto à aplicação provisória de interdições de direitos e medidas de segurança, ao disposto no Título XI deste Livro; VI – determinará se a sentença deverá ser publicada na íntegra ou em resumo e designará o jornal em que será feita a publicação (art. 73, § 1º, do Código Penal).	(...) Parágrafo único. O juiz decidirá, fundamentadamente, sobre a manutenção ou, se for o caso, imposição de prisão preventiva ou de outra medida cautelar, sem prejuízo do conhecimento da apelação que vier a ser interposta.

✳ **O que mudou**

O art. 387 do CPP continua regulamentando os pontos de observação obrigatória pelo juiz no momento de prolatar a sentença condenatória.

Além de mencionar as circunstâncias agravantes ou atenuantes definidas no Código Penal; atender quanto à aplicação provisória de interdições de direitos e medidas de segurança, ao disposto no Título XI do CPP; e determinar a publicação integral ou parcial da decisão nos termos do art. 73, § 1º, do Código Penal, o restante foi alterado.

O inciso III veio apenas retificar a numeração dos artigos do Código Penal que estava desatualizado. A remissão do CPP de 1941 à Parte Geral do CP, que sofreu significativa reforma em 1984, agora encontra-se atualizada (arts. 59 e 60 do CP).

Como descrito no art. 63 do CPP, transitada em julgado a sentença condenatória, a execução poderá ser efetuada pelo valor fixado nos termos do novo inciso IV do art. 387 deste Código, sem prejuízo da liquidação para a apuração do dano efetivamente sofrido. Harmonizou-se a regra da ação civil *ex delicto* com um dos requisitos obrigatórios da sentença penal condenatória.

O destaque mais importante deste artigo ficou por conta de seu parágrafo único. Além da atrasada e necessária revogação, de forma definitiva, da chamada 'prisão para apelar', (art. 594 do CPP), o legislador mandou um recado direto para os magistrados do país: mesmo a manutenção da cautelaridade da prisão decorrente de sentença condenatória recorrível precisa ser faticamente fundamentada.

Faticamente pois não basta repetir o que diz a regra do art. 312 do CPP que cuida da prisão preventiva. Não basta, por exemplo, afirma que a prisão deve ser mantida como garantia da ordem pública. Isso está errado! Não mais se admite que magistrados tenham preguiça na hora de fundamentar suas decisões e utilizem, exclusivamente, a redação pronta do art. 312 do CPP. Além da obrigatoriedade constitucional da fundamentação (art. 93, IX da CF), a regra prevista em abstrato deve encontrar respaldo fático compatível com a necessidade de fugir à regra, que é a liberdade.

Para sepultar qualquer tentativa inquisitorial de valer-se da hermenêutica como forma de burlar a letra da lei, o final do parágrafo único deixa bem clara a opção legislativa: *sem prejuízo do conhecimento da apelação que vier a ser interposta.*

Trata-se, por fim, da derrubada de outro provérbio jurídico que busca a generalização para facilitar a vida dos que decidem e desrespeitam a análise individualizada que cada caso – por estarmos tratando de critérios concreto e fáticos, e não abstratos – merece. Não se pode mais falar em: réu que responde processo preso, recorrerá preso após a sentença condenatória. Se os motivos que justificavam a prisão cautelar encerraram, ao réu deve ser dada a oportunidade de recorrer em liberdade.

Para os que torcem o nariz para isso, urge recordar que mesmo nesta fase ele ainda é presumido inocente e tem como garantia uma regra de natureza constitucional.

Como era	Como ficou
Art. 394. O juiz, ao receber a queixa ou denúncia, designará dia e hora para o interrogatório, ordenando a citação do réu e a notificação do Ministério Público e, se for caso, do querelante ou do assistente.	Art. 394. O procedimento será comum ou especial. § 1º O procedimento comum será ordinário, sumário ou sumaríssimo: I – ordinário, quando tiver por objeto crime cuja sanção máxima cominada for igual ou superior a 4 (quatro) anos de pena privativa de liberdade;

Como era	Como ficou
	II – sumário, quando tiver por objeto crime cuja sanção máxima cominada seja inferior a 4 (quatro) anos de pena privativa de liberdade; III – sumaríssimo, para as infrações penais de menor potencial ofensivo, na forma da lei. § 2º Aplica-se a todos os processos o procedimento comum, salvo disposições em contrário deste Código ou de lei especial. § 3º Nos processos de competência do Tribunal do Júri, o procedimento observará as disposições estabelecidas nos arts. 406 a 497 deste Código. § 4º As disposições dos arts. 395 a 398 deste Código aplicam-se a todos os procedimentos penais de primeiro grau, ainda que não regulados neste Código. § 5º Aplicam-se subsidiariamente aos procedimentos especial, sumário e sumaríssimo as disposições do procedimento ordinário.

※ **O que mudou**

O novo art. 394 do CPP cuida dos procedimentos a serem adotados para a apuração dos delitos. Devemos partir da primeira divisão procedimental: comum ou especial.

O procedimento comum está subdividido em ordinário, sumário ou sumaríssimo.

Será ordinário quando tiver por objeto crime cuja pena privativa de liberdade cominada for igual ou superior a 4 (quatro) anos.

Antes da reforma o rito sumário era observado apenas para processar os crimes punidos com detenção com pena privativa de liberdade superior a 2 (dois) anos. Boa parte de sua competência foi suprimida com a edição da Lei 9.099/1995 e posteriormente com a ampliação do conceito de infração de menor potencial ofensivo pela Lei 11.313/2006.

Agora há um limite quantitativo de pena máxima prevista em abstrato para que o processo siga o rito sumário: quando tiver por objeto crime cuja sanção máxima cominada for inferior a 4 (quatro) anos de pena privativa de liberdade e superior a 2 (dois) anos. Percebam que a lei não fala em detenção ou reclusão, apenas identifica e ressalta a quantidade de pena privativa prevista.

Teremos, então, crimes apenados com reclusão seguindo o rito sumário (ex: seqüestro e cárcere privado) e crimes apenados com detenção que seguirão o rito ordinário (ex: abandono de recém nascido com resultado morte).

O rito sumaríssimo continua a ser adotado para as infrações penais de menor potencial ofensivo, nos termos do art. 61 da Lei 9.099/1995. Integram esse rol todas as contravenções penais e os crimes cuja pena máxima prevista em abstrato não seja superior a 2 (dois) anos.

Já temos em nosso ordenamento jurídico duas exceções à competência dos Juizados Especiais Criminais:

a) crimes praticados com violência contra à mulher (Art. 41 da Lei 11.340/2006): *"Art. 41. Aos crimes praticados com violência doméstica e familiar contra a mulher, independentemente da pena prevista, não se aplica a Lei 9.099, de 26 de setembro de 1995."*

b) crimes de lesão corporal culposa praticados no trânsito nas hipóteses taxativas previstas nos incisos do § 1º do art. 291 do Código de Trânsito Brasileiro – Lei 9.503/1997: "*§ 1º Aplica-se aos crimes de trânsito de lesão corporal culposa o disposto nos arts. 74, 76 e 88 da Lei 9.099, de 26 de setembro de 1995, exceto se o agente estiver: I – sob a influência de álcool ou qualquer outra substância psicoativa que determine dependência; II – participando, em via pública, de corrida, disputa ou competição automobilística, de exibição ou demonstração de perícia em manobra de veículo automotor, não autorizada pela autoridade competente; III – transitando em velocidade superior à máxima permitida para a via em 50 km/h (cinqüenta* *quilômetros por hora).*" Essa exceção à regra dos Juizados foi recém incorporada em nosso ordenamento jurídico pela Lei 11.705, de 19 de junho de 2008.

Como era	Como ficou
Art. 395. O réu ou seu defensor poderá, logo após o interrogatório ou no prazo de três dias, oferecer alegações escritas e arrolar testemunhas.	Art. 395. A denúncia ou queixa será rejeitada quando: I – for manifestamente inepta; II – faltar pressuposto processual ou condição para o exercício da ação penal; ou III – faltar justa causa para o exercício da ação penal. Parágrafo único. (Revogado).

※ **O que mudou**

Trocou-se o tradicional artigo que tratava do tríduo da defesa prévia pelo conteúdo que migrou do antigo art. 43 do CPP. Cuida-se aqui da rejeição da denúncia ou queixa pelo magistrado.

A redação do antigo art. 43 foi bastante alterada em sua literalidade, mas pouca novidade trouxe sob a ótica substancial.

O inciso I trata da peça inicial acusatória inepta. Ela será considerada inepta pelo juiz quando não preencher os aspectos formais (art. 41 do CPP e inciso II do novo art. 395) e materiais (previstos de forma global no inciso III).

A inépcia continuará ocorrendo quando faltar pressuposto processual ou condição para o exercício da ação penal e quando faltar justa causa para o exercício da ação penal.

Podemos citar como exemplo do inciso II o início de ação penal pública incondicionada por particular (ilegitimidade de parte) e, exemplificando o inciso III, quando a punibilidade do agente já estiver extinta pela prescrição.

Como era	Como ficou
Art. 396. Apresentada ou não a defesa, proceder-se-á à inquirição das testemunhas, devendo as da acusação ser ouvidas em primeiro lugar. Parágrafo único. Se o réu não comparecer, sem motivo justificado, no dia e à hora designados, o prazo para defesa será concedido ao defensor nomeado pelo juiz.	Art. 396. Nos procedimentos ordinário e sumário, oferecida a denúncia ou queixa, o juiz, se não a rejeitar liminarmente, recebê-la-á e ordenará a citação do acusado para responder à acusação, por escrito, no prazo de 10 (dez) dias. Parágrafo único. No caso de citação por edital, o prazo para a defesa começará a fluir a partir do comparecimento pessoal do acusado ou do defensor constituído.

* **O que mudou**

Antes da reforma, recebida a denúncia ou a queixa o magistrado ordenava a citação do réu para ser interrogado (antiga redação do art. 394 do CPP).

Agora, após a nova redação dada ao art. 396, criou-se a figura da defesa preliminar no processo penal.

Da mesma forma como estava prevista no rito especial para apuração criminal de responsabilidade dos funcionário públicos (art. 514 do CPP), e no rito especial para apuração dos crimes previstos na Lei de Drogas (art. 55 da Lei 11.343/2006), o novo art. 396 transforma a defesa preliminar em regra geral.

Hoje, com o advento da Lei 11.449/2007 que tornou a ampla defesa obrigatória ainda na fase inquisitorial, com a remessa das cópias do inquérito policial para a Defensoria Pública nos casos em que o réu não possui defensor e nem indica algum, a regra do art. 396 mostra-se compatível com a Constituição Federal.

Desta forma, o réu chega nesta fase processual (pelo menos deveria) representado por advogado constituído ou nomeado. Ele terá 10 dias para apresentar a sua defesa preliminar.

O parágrafo único reza: "no caso de citação por edital, o prazo para a defesa começará a fluir a partir do comparecimento pessoal do acusado ou do defensor constituído."

Exige-se, num Estado Democrático de Direito, que seja aberta a oportunidade para o exercício do direito de defesa antes do Estado efetuar gastos com a produção do acervo probatório. Devemos sempre compatibilizar a duração razoável do processo (art. 5.º, LXXVIII, da CF) com o princípio da eficiência (art. 37, *caput*, da CF).

A matéria que poderá ser alegada pelo réu encontra-se prevista no novo art. 396-A, que será examinado a seguir.

Como era	Como ficou
Art. 399. O Ministério Público ou o querelante, ao ser oferecida a denúncia ou a queixa, e a defesa, no prazo do art. 395, poderão requerer as diligências que julgarem convenientes.	Art. 396-A. Na resposta, o acusado poderá argüir preliminares e alegar tudo o que interesse à sua defesa, oferecer documentos e justificações, especificar as provas pretendidas e arrolar testemunhas, qualificando-as e requerendo sua intimação, quando necessário. § 1º A exceção será processada em apartado, nos termos dos arts. 95 a 112 deste Código. § 2º Não apresentada a resposta no prazo legal, ou se o acusado, citado, não constituir defensor, o juiz nomeará defensor para oferecê-la, concedendo-lhe vista dos autos por 10 (dez) dias.

※ **Novo artigo**

Este é o único artigo novo inserido no CPP, falando em termos numéricos.

Ele complementa o artigo anterior (396) indicando o que o acusado e seu advogado poderão alegar no prazo de 10 dias em sua defesa preliminar.

Poderá a defesa argüir preliminares (como as exceções de incompetência, litispendência e coisa julgada) e alegar tudo o que interessar, ou para reforçar uma tese defensiva ou para fragilizar o alegado pela acusação na denúncia/queixa já regularmente recebida pelo magistrado.

Este também é o momento de especificar provas e arrolar as testemunhas para que sejam intimadas a comparecer na "super audiência" (vide comentários ao novo art. 400 do CPP).

As exceções serão processadas em apartado, nos moldes do que já estava previsto anteriormente nos arts. 95 a 112 do CPP.

O § 2º escancara o que está por trás das inovações trazidas pela Lei 11.719/2008: o legislador quer rapidez no processo crime.

A redação do parágrafo afirma que se não for apresentada a resposta do réu no prazo de 10 dias, ou se o acusado, citado, não constituir defensor, o juiz lhe nomeará defensor para oferecer a defesa preliminar, concedendo-lhe vista dos autos pelo mesmo prazo que teria um defensor previamente constituído.

Na redação antiga da defesa prévia, ela mostrava-se *facultativa*. Agora, com o novo 396-A, ela é obrigatória. A lei não diz que o juiz poderá nomear defensor, como se fosse uma faculdade do magistrado. Não. Trata-se de norma cogente, imperativa que determina a nomeação, pelo juiz, de defensor para que esta etapa procedimental da defesa preliminar seja cumprida.

Vestida com uma aparente preocupação com a ampla defesa, na verdade busca-se a não interrupção da marcha processual para que os trabalhos sejam concluídos de forma rápida.

Vale o destaque para um lapso na literalidade da regra do § 2º do art. 396-A. A redação do parágrafo assim o diz: *"ou se o acusado, citado, não constituir defensor"*. Essa regra deve ser válida apenas para os casos em que a citação se deu pessoalmente. Agiu mal o legislador ao não especificar a modalidade de citação, pois, caso o réu seja citado por edital, não comparecer e nem constituir defensor, o juiz não irá nomear defensor para o réu, e sim aplicar a regra do art. 366 do CPP, preservada na base do veto presidencial: suspende-se o processo e a prescrição até que o réu seja encontrado.

Poder-se-ia questionar: e no caso da citação por hora certa? Defendemos a inconstitucionalidade desta modalidade de citação no processo penal e remetemos o leitor para os comentários ao art. 362 do CPP.

Como era	Como ficou
Sem similar.	Art. 397. Após o cumprimento do disposto no art. 396-A, e parágrafos, deste Código, o juiz deverá absolver sumariamente o acusado quando verificar: I – a existência manifesta de causa excludente da ilicitude do fato; II – a existência manifesta de causa excludente da culpabilidade do agente, salvo inimputabilidade; III – que o fato narrado evidentemente não constitui crime; ou IV – extinta a punibilidade do agente.

* O que mudou

Absolvição sumária fora do júri: interessante novidade trazida pela reforma foi o ingresso da absolvição sumária no rito ordinário e sumário.

Instituto muito conhecido por todos, específico, até então, para o rito especial do Tribunal do Júri, a absolvição sumária privilegia os princípios constitucionais da dignidade humana e da duração razoável do processo.

A dignidade humana prevalece pois, em casos onde exista manifesta presença de excludentes de tipicidade, de ilicitude, de culpabilidade ou de punibilidade, o Estado não tem o direito nem o dever de submeter um ser humano às agruras de um processo criminal.

E privilegia a duração razoável do processo pois, antes da reforma, não havia razoabilidade em se ter que aguardar todo o trâmite processual para, somente no final, após as diligências e alegações finais, no momento da prolação da decisão, absolver o réu, por exemplo, pela atipicidade do fato.

Desta forma, com o novo rito processual, o réu na fase do 396-A poderá alegar qualquer das excludentes mencionadas e, se bem demonstrada, surge para o juiz a opção de encerrar o processo absolvendo o acusado de forma sumária, ou seja, antes da produção do acervo probatório na "super audiência" de instrução e julgamento (art. 400 do CPP).

Essa opção, antes da reforma, ficava na seara do *habeas corpus*, onde os advogados pediam o trancamento da ação penal por falta de justa causa para a sua continuação. Obviamente, a utilização do *writ* constitucional não será deixada de lado porque surgiu, no ordenamento jurídico, a fase do 397. Certamente esta fase será utilizada pela defesa e, negado o pedido de absolvição sumária pelo magistrado, este tornar-se-á a autoridade coatora de eventual ação constitucional.

Os incisos do art. 397 assim subdividem as excludentes que podem ser alegadas pela defesa:

a) Excludente de ilicitude (inciso I) – a conduta do acusado, apesar de ser típica (conduta dolosa ou culposa, omissiva ou comissiva, com nexo de causalidade objetivo (imputação objetiva) e subjetivo e resultado jurídico nos crimes materiais, não é antijurídica (ou ilícita) pois está amparada por alguma excludente de ilicitude, previstas no art. 23 do Código Penal.

b) Excludente de culpabilidade (inciso II) – erro de proibição, coação moral irresistível, obediência hierárquica, são hipóteses de excludentes de culpabilidade. Com base na existência de alguma dessas circunstâncias, o réu poderá pleitear a sua absolvição sumária.

O inciso II faz uma ressalva: salvo nos casos de inimputabilidade. E assim o faz por razões sistemáticas. O réu inimputável será submetido a medida de segurança, a chamada absolvição imprópria. Se a inimputabilidade for decorrente da idade do agente (menoridade), o processo deve ser encaminhado ao Ministério Público da Infância e da Adolescência para a tomada das medidas cabíveis com base no Estatuto da Criança e do Adolescente (Lei 8.069/1990).

c) Excludente de tipicidade (inciso III) – para entendermos o inciso III urge seja feita uma brevíssima exposição a respeito da teoria do delito.

Defendemos a teoria tripartida do delito nos seguintes termos: delito é um fato típico, antijurídico e culpável. Preenchidos os três elementos, surge para o Estado a punibilidade, ou seja, o dever de punir. A antijuridicidade e culpabilidade já forma explicadas nos respectivos incisos (I e II). Resta agora falarmos da tipicidade.

O fato será típico se o agente praticar uma conduta previamente prevista em lei comissiva (ação) ou omissiva, dolosa ou culposa (quando prevista taxativamente em lei), criando um risco não permitido em lei e um resultado jurídico decorrente deste risco proibido (imputação objetiva). O resultado jurídico somente será importante para o direito penal se, e somente se, o bem jurídico-penal for atingido de forma relevante (princípio da ofensividade).

Faltando qualquer desses elementos o fato será *atípico* e assim, com base no inciso III do novo art. 397, o réu deverá ser absolvido sumariamente.

d) Excludente de punibilidade (inciso IV) – as causas extintivas da punibilidade estão previstas no art. 107 do Código Penal.

Há ainda as chamadas causas supra legais de exclusão de ilicitude, como a adequação social, e de culpabilidade como a inexigibilidade de conduta diversa.

Como era	Como ficou
Art. 394. O juiz, ao receber a queixa ou denúncia, designará dia e hora para o interrogatório, ordenando a citação do réu e a notificação do Ministério Público e, se for caso, do querelante ou do assistente.	Art. 399. Recebida a denúncia ou queixa, o juiz designará dia e hora para a audiência, ordenando a intimação do acusado, de seu defensor, do Ministério Público e, se for o caso, do querelante e do assistente. § 1º O acusado preso será requisitado para comparecer ao interrogatório, devendo o poder público providenciar sua apresentação. § 2º O juiz que presidiu a instrução deverá proferir a sentença.

✳   O que mudou

O juiz, ao receber a denúncia e a queixa, antes designava a data para o réu ser interrogado, notificando a acusação.

Após a reforma, o juiz, ao receber a denúncia e a queixa, irá designar data para a audiência e, nessa audiência (que denominamos de "super audiência" – v. art. 400) é que o réu será interrogado.

Antes o interrogatório era o primeiro ato probatório produzido no decorrer da ação penal. Agora ele vem por último. O ato de defesa e de prova, consubstanciado no rol de perguntas feitas pelo juiz e pelas partes ao acusado, será realizado após a oitiva do ofendido e de todas as testemunhas de acusação e de defesa.

O acusado preso será requisitado e o poder público continua com o dever de apresentá-lo na data estipulada pelo magistrado no despacho que recebeu a denúncia ou queixa. Dever este que nem sempre é cumprido por falta de estrutura do Estado.

O § 2º trouxe ao processo penal o princípio da identidade física do juiz.

O magistrado que presidiu a instrução deverá proferir a sentença. Trata-se de regra que busca vincular o julgador que acompanhou a produção de provas no âmbito judicial à decisão de mérito da causa.

Trata-se, em nossa opinião, de medida salutar. O acusado da prática de um crime tem o direito de ser julgado pelo magistrado mais preparado para fazê-lo. E esta figura judicial tem que ser o responsável pela condução da instrução, já que presenciou todas as nuances probatórias sendo construídas na audiência de instrução e julgamento e é a pessoa processualmente mais habilitada para proferir a decisão.

As hipóteses em que a identidade do juiz não é obrigatória devem ser buscadas, de forma supletiva e por analogia, no Código de Processo Civil (art. 3º do CPP). É justamente o caso de utilizarmos a analogia: trata-se de omissão legal, para caso semelhante, que pode ser suprida por outro diploma vigente do ordenamento jurídico nacional, no caso, o art. 132 do CPC.

Reza o art. 132 do CPC: "Art. 132. O juiz, titular ou substituto, que concluir a audiência julgará a lide, *salvo se estiver convocado, licenciado, afastado por qualquer motivo, promovido ou aposentado, casos em que passará os autos ao seu sucessor*" (grifo nosso).

Como era	Como ficou
Art. 400. As partes poderão oferecer documentos em qualquer fase do processo.	Art. 400. Na audiência de instrução e julgamento, a ser realizada no prazo máximo de 60 (sessenta) dias, proceder-se-á à tomada de declarações do ofendido, à inquirição das testemunhas arroladas pela acusação e pela defesa, nesta ordem, ressalvado o disposto no art. 222 deste Código, bem como aos esclarecimentos dos peritos, às acareações e ao reconhecimento de pessoas e coisas, interrogando-se, em seguida, o acusado. § 1º As provas serão produzidas numa só audiência, podendo o juiz indeferir as consideradas irrelevantes, impertinentes ou protelatórias. § 2º Os esclarecimentos dos peritos dependerão de prévio requerimento das partes.

✵ **O que mudou**

A **"super audiência"**: de forma proposital denominamos a nova audiência trazida ao sistema processual penal de "super audiência".

Nela estarão concentrados os seguintes atos:

1) oitiva do ofendido;

2) inquirição das testemunhas de acusação: no máximo 8;

3) inquirição das testemunhas de defesa: no máximo 8;

4) esclarecimentos dos peritos;

5) acareações;

6) reconhecimento de pessoas;

7) reconhecimento de coisas;

8) interrogatório;

9) alegações finais orais: 20 minutos para a acusação e 20 minutos para a defesa, prorrogáveis, para ambos, por mais 10.

10) havendo assistente de acusação, este falará por 10 minutos depois do representante do MP, acrescendo igual tempo para a defesa.

11) há, ainda, a previsão do juiz proferir a sentença na hora.

Após a leitura de todo esse conjunto de atos processuais, perguntamos: como será possível fazer tudo isso em um único dia?

Partindo do pressuposto de que todas as pessoas elencadas neste rol compareçam ao Fórum na data designada (o que é quase impossível de acontecer), abertos os trabalhos, serão necessárias muitas horas para concluir a "super audiência". Tantas horas que, provavelmente, o magistrado só poderá marcar uma audiência por dia.

E como ficará o cumprimento da regra prevista no *caput*: realização desta audiência no prazo máximo de 60 dias se a pauta estará trancada?

Basta uma análise de simples cálculo matemático para verificar que se for marcada apenas uma audiência por dia, o filtro temporal da pauta irá represar milhares de processos em poucos meses e a tão esperada celeridade processual imaginada pelos congressistas, além de não acontecer ainda ficará mais distante.

Além do legislador e do sistema criminal, quem perde é o consumidor do serviço forense. A prestação jurisdicional hoje, já acontece em passos lentos. Temos audiências marcadas para o próximo ano, isso no âmbito da celeridade dos Juizados Criminais.

Perde também a Justiça, como essência do Direito. O atraso processual desencadeará um número de extinções da punibilidade pela prescrição punitiva sem precedentes. A chamada prescrição virtual ou antecipada tornar-se-á mais tangível e poderá ser facilmente alegada na nova fase do art. 396-A com a conseqüente absolvição sumária (novo art. 397 do CPP) pelo seu inciso IV.

Trata-se de mais uma lei criada sem levar em consideração a realidade dos recursos humanos do funcionalismo jurisdicional. Temos poucos magistrados para muito serviço e agora veio a lei para "ajudar a atrapalhar".

Sabemos que quando a lei encontra-se distante da realidade forense, criam-se novas maneiras de prestar o serviço judiciário pelas partes por absoluta necessidade pragmática.

Se a "super audiência" irá tornar inacessível o acesso das partes à prestação jurisdicional, deixa-se de aplicá-la no caso concreto em controle difuso prévio, indireto e informal de constitucionalidade. É o que acabará acontecendo.

Interrogatório: Levou-se o interrogatório, corretamente em nossa opinião, para o último momento da audiência una. Ora, o réu só consegue se defender de forma ampla se souber, com antecedência, as impressões pessoais e fáticas que as testemunhas de acusação têm para afirmar. Apresentado todo o acervo probatório, o réu sabe exatamente do que se defender e de que forma, aliando sua autodefesa à defesa técnica de seu advogado.

Verificando o defensor que a acusação não tem provas contra determinado fato, concentrará mais tempo para as perguntas direcionadas a seu cliente no interrogatório relacionadas aos fatos ainda não esclarecidos, buscando a absolvição.

Algumas críticas poderão surgir relacionadas à economia processual nos casos de confissão. Caso o réu e seu defensor queiram confessar para buscar a atenuante genérica, poderia o juiz, ouvindo o representante do Ministério Público, alterar a ordem dos trabalhos na audiência una, ouvindo primeiro o acusado e sua confissão para depois dispensar os demais elementos de prova?

Pensamos que não. Nem sempre o que parece melhor e mais rápido é o mais justo. Os trabalhos de oitiva de testemunhas de acusação e depois de defesa, peritos, assistentes etc., levam tempo. O réu poderá, neste ínterim, mudar de opinião ao perceber a fragilidade do acervo probatório produzido e brigar por uma fixação de pena menor do que conseguiria com a simples atenuante genérica da confissão.

Entretanto, vale a regra *pas de nulitté sans grief*. Ou seja, se não houver prejuízo para a defesa plena (autodefesa e defesa técnica), não há que se alegar a nulidade posterior após aceitar a inversão da ordem procedimental da audiência una, concordando com o MP e com o magistrado.

Da mesma forma como não se pode permitir que o Poder Judiciário legisle, também não se pode permitir que a parte produza, de forma proposital, uma nulidade para depois dela se valer.

Cada caso é um caso e, certamente, teremos problemas com a nova audiência concentrada e as decorrências de sua impossibilidade humana, fática e temporal.

Como era	Como ficou
Art. 398. Na instrução do processo serão inquiridas no máximo oito testemunhas de acusação e até oito de defesa. Parágrafo único. Nesse número não se compreendem as que não prestaram compromisso e as referidas. Art. 404. As partes poderão desistir do depoimento de qualquer das testemunhas arroladas, ou deixar de arrolá-las, se considerarem suficientes as provas que possam ser ou tenham sido produzidas, ressalvado o disposto no art. 209.	Art. 401. Na instrução poderão ser inquiridas até 8 (oito) testemunhas arroladas pela acusação e 8 (oito) pela defesa. § 1º Nesse número não se compreendem as que não prestem compromisso e as referidas. § 2º A parte poderá desistir da inquirição de qualquer das testemunhas arroladas, ressalvado o disposto no art. 209 deste Código.

✳ **O que mudou**

O número de testemunhas foi mantido: 8 para a acusação e 8 para a defesa. E não serão contadas nesse número taxativo as que não prestem compromisso e as referidas.

A regra que antes estava no art. 404, a respeito da desistência do depoimento das testemunhas já arroladas, migrou para o § 2º do novo art. 401 do CPP.

A ressalva do art. 209 foi mantida. Assim, o juiz poderá, quando julgar necessário, ouvir outras testemunhas não arroladas pelas partes como testemunhas do juízo, sempre em busca da verdade possível de ser produzida no âmbito da ação penal.

Como era	Como ficou
Art. 499. Terminada a inquirição das testemunhas, as partes – primeiramente o Ministério Público ou o querelante, dentro de 24 (vinte e quatro) horas, e depois, sem interrupção, dentro de igual prazo, o réu ou réus – poderão requerer as diligências, cuja necessidade ou conveniência se origine de circunstâncias ou de fatos apurados na instrução, subindo logo os autos conclusos, para o juiz tomar conhecimento do que tiver sido requerido pelas partes.	Art. 402. Produzidas as provas, ao final da audiência, o Ministério Público, o querelante e o assistente e, a seguir, o acusado poderão requerer diligências cuja necessidade se origine de circunstâncias ou fatos apurados na instrução.

※ **O que mudou**

Fase do 499: a já conhecida fase do 499, ou fase das diligências, não mais estará localizada no art. 499 do CPP, revogado pela Lei 11.719/2008.

Deixou de ser uma fase processual e passou a consubstanciar-se em um dos atos concentrados na "super audiência" do art. 400 do CPP.

Assim como previsto antes da reforma, o rol de diligências que as partes podem requerer tem como limite objetivo terem sido originados durante a instrução, sob pena de indeferimento pelo magistrado.

A possibilidade do requerimento das diligências ficou dificultada, tendo em vista que os pedidos devem ser feitos na própria audiência e com base no que ocorreu na audiência.

Assim, o pedido de oitiva de outra testemunha como do juízo, de nova perícia etc. têm que estar vinculados aos acontecimentos ocorridos durante a realização da audiência de instrução e julgamento, pois a lei deixou isso bem claro: *"cuja necessidade se origine de circunstâncias ou fatos apurados na instrução"*.

Como era	Como ficou
Art. 500. Esgotados aqueles prazos, sem requerimento de qualquer das partes, ou concluídas as diligências requeridas e ordenadas, será aberta vista dos autos, para alegações, sucessivamente, por 3 (três) dias: I – ao Ministério Público ou ao querelante; II – ao assistente, se tiver sido constituído; III – ao defensor do réu. § 1º Se forem dois ou mais os réus, com defensores diferentes, o prazo será comum. § 2º O Ministério Público, nos processos por crime de ação privada ou nos processos por crime de ação pública iniciados por queixa, terá vista dos autos depois do querelante.	Art. 403. Não havendo requerimento de diligências, ou sendo indeferido, serão oferecidas alegações finais orais por 20 (vinte) minutos, respectivamente, pela acusação e pela defesa, prorrogáveis por mais 10 (dez), proferindo o juiz, a seguir, sentença. § 1º Havendo mais de um acusado, o tempo previsto para a defesa de cada um será individual. § 2º Ao assistente do Ministério Público, após a manifestação desse, serão concedidos 10 (dez) minutos, prorrogando-se por igual período o tempo de manifestação da defesa. § 3º O juiz poderá, considerada a complexidade do caso ou o número de acusados, conceder às partes o prazo de 5 (cinco) dias sucessivamente para a apresentação de memoriais. Nesse caso, terá o prazo de 10 (dez) dias para proferir a sentença.

※ **O que mudou**

Fase do 500: a fase do 500, ou alegações finais, etapa procedimental onde a defesa esgotava todos os seus argumentos em busca, na maioria das vezes, da absolvição do réu, mudou de lugar. Não teremos mais a *fase do 500* no art. 500.

Além do aspecto topográfico (o lugar onde está o artigo), as alegações finais deixam de ser escritas, como regra, e passam a ser feitas oralmente durante a "super audiência" (art. 400).

Após a inquirição do ofendido, das testemunhas, dos peritos, dos assistentes, das acareações, do interrogatório do réu e da solicitação das diligências decorrentes do acervo probatório produzido em juízo, serão oferecidas alegações finais orais por 20 minutos, respectivamente, pela acusação e pela defesa, prorrogáveis por mais 10, proferindo o juiz, a seguir, sentença.

Certamente, o volume de trabalho e o desgaste produzido pela audiência do art. 400 farão com os magistrados optem pelo especificado no § 3º deste artigo, concedendo às partes o prazo de 5 dias, sucessivamente, para a apresentação das alegações finais por escrito em cartório.

Optando pela regra do § 3º, o magistrado terá o prazo de 10 dias para proferir a sua decisão.

Como era	Como ficou
Sem similar.	Art. 404. Ordenado diligência considerada imprescindível, de ofício ou a requerimento da parte, a audiência será concluída sem as alegações finais. Parágrafo único. Realizada, em seguida, a diligência determinada, as partes apresentarão, no prazo sucessivo de 5 (cinco) dias, suas alegações finais, por memorial, e, no prazo de 10 (dez) dias, o juiz proferirá a sentença.

※ **O que mudou**

Se a diligência for considerada imprescindível pelo juiz, a audiência será concluída sem as alegações finais.

Não concordamos com a redação do artigo que vincula o encerramento da audiência sem as alegações finais à requerimento da parte.

Ora, se o juiz decidiu pela imprescindibilidade da diligência, deverá o resultado de sua elaboração integrar os argumentos finais das partes, ou, ao menos, deverá ser dada a oportunidade das partes terem acesso ao resultado da diligência que, por ser imprescindível, pode ter impacto direto no deslinde do processo.

Assim, a regra deve ser lida da seguinte forma: sempre que o magistrado entender imprescindível a diligência, a audiência será encerrada sem as alegações finais, que, nos moldes do parágrafo único, serão apresentadas por escrito, sucessivamente, no prazo de 5 dias. O juiz, neste caso, profere a sentença em 10 dias corridos.

Como era	Como ficou
Sem similar.	Art. 405. Do ocorrido em audiência será lavrado termo em livro próprio, assinado pelo juiz e pelas partes, contendo breve resumo dos fatos relevantes nela ocorridos.
	§ 1º Sempre que possível, o registro dos depoimentos do investigado, indiciado, ofendido e testemunhas será feito pelos meios ou recursos de gravação magnética, estenotipia, digital ou técnica similar, inclusive audiovisual, destinada a obter maior fidelidade das informações.
	§ 2º No caso de registro por meio audiovisual, será encaminhado às partes cópia do registro original, sem necessidade de transcrição.

O que mudou

Seguindo a regra da elaboração da ata de julgamento prevista no art. 494 – mantida pela Lei 11.689/2008 –, previu-se expressamente para o rito comum a elaboração da ata da audiência.

Muito comum na praxe forense, a consignação de informações importantes em ata para posterior discussão jurídica em segunda instância sempre esteve presente.

Agora, o novo art. 405 do CPP prevê a elaboração de um relatório resumido contendo os fatos relevantes ocorridos durante a audiência (art. 400 do CPP).

O § 1º busca a implementação de recursos de tecnologia para preservar a prova.

A ressalva *sempre que possível*, do início do *caput*, tem como objetivo respeitar as diferentes estruturas judiciárias presente em nosso país. Ainda não temos recursos tecnológicos presentes em todas as comarcas do Brasil. Enquanto alguns discutem a validade da videoconferência, outros buscam a troca da estenotipia pela gravação digital.

O § 2º traz interessante regra. As partes, no caso dos registros terem sido feitos por meio audiovisual, receberão cópia do registro original para evitar as intermináveis transcrições. Ficam no ar as seguintes perguntas: quem irá custear essas mídias? Existirão recursos humanos disponíveis para fazer cópia das gravações que poderão durar horas? Vamos aguardar.

Como era	Como ficou
Art. 531. O processo das contravenções terá forma sumária, iniciando-se pelo auto de prisão em flagrante ou mediante portaria expedida pela autoridade policial ou pelo juiz, de ofício ou a requerimento do Ministério Público.	Art. 531. Na audiência de instrução e julgamento, a ser realizada no prazo máximo de 30 (trinta) dias, proceder-se-á à tomada de declarações do ofendido, se possível, à inquirição das testemunhas arroladas pela acusação e pela defesa, nesta ordem, ressalvado o disposto no art. 222 deste Código, bem como aos esclarecimentos dos peritos, às acareações e ao reconhecimento de pessoas e coisas, interrogando-se, em seguida, o acusado e procedendo-se, finalmente, ao debate.

* O que mudou

Rito sumário: continuando a análise da Lei 11.719/2008, saímos do rito ordinário e ingressamos no rito sumário.

Havia a previsão de 2 ritos diferentes no procedimento comum sumário estabelecido em 1941: um para apurar as contravenções penais, onde o limite de testemunhas ficava reduzido para três; e outro para crimes apenados com detenção, onde o limite do rol de testemunhas subia para cinco.

Agora, nos moldes do inc. II do art. 394, dar-se-á o procedimento sumário quando a ação penal tiver por objeto crime cuja sanção máxima cominada seja inferior a 4 anos de pena privativa de liberdade.

Audiência no rito sumário: modificou-se a audiência de instrução e julgamento do rito sumário, como foi feito pelo art. 400 no rito comum ordinário.

Houve a concentração de diferentes fases processuais numa única audiência: defesa prévia, oitiva de testemunhas de acusação, oitiva de testemunhas de defesa, acareação, interrogatório, diligências, alegações finais e sentença.

Essa audiência de instrução e julgamento do rito comum sumário deverá ser realizada em até 30 dias, o que, obviamente, não poderá ser feita tendo em vista o novo sistema de pauta dos juízes. Nestes termos, vide nossos comentários ao art. 400, que trata da "super audiência" do rito ordinário.

Como era	Como ficou
Art. 539. Nos processos por crime a que não for, ainda que alternativamente, cominada a pena de reclusão, recebida a queixa ou a denúncia, observado o disposto no art. 395, feita a intimação a que se refere o art. 534, e ouvidas as testemunhas arroladas pelo querelante ou pelo Ministério Público, até o máximo de cinco, prosseguir-se-á na forma do disposto nos arts. 538 e ss.	Art. 532. Na instrução, poderão ser inquiridas até 5 (cinco) testemunhas arroladas pela acusação e 5 (cinco) pela defesa.

✳ **O que mudou**

Uniformizado o procedimento sumário (art. 394, II), o CPP passa a conter um único dispositivo que especifica o número máximo de testemunhas que podem ser arroladas pela acusação, no momento da denúncia, e pela defesa, no momento da defesa preliminar: 5 testemunhas.

Como era	Como ficou
Sem similar.	Art. 533. Aplica-se ao procedimento sumário o disposto nos parágrafos do art. 400 deste Código. § 1º (Revogado). § 2º (Revogado). § 3º (Revogado). § 4º (Revogado).

✳ **O que mudou**

O novo art. 533 do CPP insere no rito sumário as mesmas regras previstas nos §§ do art. 400.

As provas serão produzidas na mesma audiência (art. 531 do CPP), podendo o juiz, para evitar a produção de provas irrelevantes, impertinentes ou protelatórias, indeferir o pedido das partes.

O § 2º condiciona qualquer esclarecimento pericial ao prévio requerimento das partes, por razões de ordem prática e para assegurar a qualidade técnica das respostas dadas, preparadas com a antecedência necessária.

Como era	Como ficou
Art. 538. (...) § 2º Na audiência, após a inquirição das testemunhas de defesa, será dada a palavra, sucessivamente, ao órgão do Ministério Público e ao defensor do réu ou a este, quando tiver sido admitido a defender-se, pelo tempo de 20 (vinte) minutos para cada um, prorrogável por mais 10 (dez), a critério do juiz, que em seguida proferirá a sentença.	Art. 534. As alegações finais serão orais, concedendo-se a palavra, respectivamente, à acusação e à defesa, pelo prazo de 20 (vinte) minutos, prorrogáveis por mais 10 (dez), proferindo o juiz, a seguir, sentença. § 1º Havendo mais de um acusado, o tempo previsto para a defesa de cada um será individual. § 2º Ao assistente do Ministério Público, após a manifestação deste, serão concedidos 10 (dez) minutos, prorrogando-se por igual período o tempo de manifestação da defesa.

※ **O que mudou**

Desenhando uma coerência lógica entre os ritos, as alegações finais do rito sumário continuam a ser feitas oralmente, privilegiando a concentração dos atos instrutórios num mesmo momento.

A redação do *caput* ainda especifica a oportunidade do magistrado proferir sua decisão na própria audiência. Antes da reforma, processos com pena de detenção não demandavam, na maioria dos casos, maiores esclarecimentos, o que facilitava a prolação da sentença oralmente pelo juiz na própria audiência.

Hoje, com a nova competência para o rito comum sumário quando tiver por objeto crime cuja sanção máxima cominada for inferior a 4 anos, sendo indiferente se a pena for de reclusão ou detenção (vide comentários ao inciso III do art. 394 do CPP).

Idêntica a redação do § 2º deste art. 534 à do § 2º do art. 403 do CPP. Cuida do tempo que o assistente de acusação terá para falar, acrescendo-se, igual período, ao advogado de defesa.

Destaque para o § 1º deste art. 534, que preocupou-se em estipular, de forma expressa, que o tempo destinado à defesa não será dividido entre os réus. Cada acusado terá direito ao seu tempo integral e individual.

Como era	Como ficou
Sem similar.	Art. 535. Nenhum ato será adiado, salvo quando imprescindível a prova faltante, determinando o juiz a condução coercitiva de quem deva comparecer. § 1º (Revogado). § 2º (Revogado).

※ **O que mudou**

A nova redação do art. 535 vem corroborar, de forma coerente, a preocupação da nova sistemática do rito comum com a celeridade no processamento e julgamento dos réus criminais.

Entretanto, preocupa-nos a relativização dos direitos e garantias individuais do acusado com a sua supressão da busca pela verdade dos fatos e do tempo de maturação das provas.

Para quem não lembra, veja a redação do art. 80 da Lei 9.099/95: "Nenhum ato será adiado, determinando o juiz, quando imprescindível, a condução coercitiva de quem deva comparecer." Sim, qualquer semelhança não é mera coincidência.

Com a ampliação da abrangência do rito sumário para processar e julgar mais crimes (agora com penas de detenção ou *reclusão* inferiores a 4 anos), diminui-se o tempo processual para o réu se defender durante a apuração estatal de responsabilidade criminal desses delitos.

Além disso, o legislador copia uma regra do procedimento sumaríssimo, onde *não há pena privativa de liberdade*, para um rito onde há previsão de pena de reclusão. Devemos ficar atentos para não permitir que o direito processual infra-constitucional tome a frente do direito processual constitucional. Este tipo de alteração, aparentemente imperceptível para um leigo, desrespeita a Constituição Federal aos poucos e ignora a vigência e força normativa dos princípios processuais constitucionais, como a ampla defesa.

O § 2º do art. 400 a que o novo art. 533 do CPP faz remissão, já especifica que o juiz não permitirá a produção de provas irrelevantes, impertinentes ou protelatórias. Ou seja, todas as provas cuja produção seja permitida pelo juiz são imprescindíveis, caso contrário, já teriam sido consideradas irrelevantes pelo juiz. Dessas premissas, pode-se concluir que faltando alguma prova não classificada pelo juiz como irrelevante, impertinente ou protelatória, adia-se o ato.

Quando a ausência estiver relacionada com a prova testemunhal, a lei determina a condução coercitiva da testemunha para ser ouvida no mesmo dia. Em comarcas menores, talvez isso consiga ser implementado, mas em grandes centros urbanos, nos parece que essa regra não será cumprida e, por força da imprescindibilidade da prova, adiar-se-á a audiência com a redesignação de nova data.

Como era	Como ficou
Sem similar.	Art. 536. A testemunha que comparecer será inquirida, independentemente da suspensão da audiência, observada em qualquer caso a ordem estabelecida no art. 531 deste Código.

✷ **O que mudou**

A reforma traz consigo, em cada alteração feita, a preocupação com o caráter utilitarista do processo e com a economia processual, plasmada na concentração dos atos praticados pelas partes em juízo.

O legislador, ao reescrever o art. 536, buscou minimizar as conseqüências pessoais do adiamento da audiência preservando, ao menos, a oitiva de quem lá esteve presente na data inicialmente estipulada.

Em outras palavras, preocupou-se com a testemunha que se deslocou até o Fórum para ser ouvida, atendendo à intimação previamente feita. Ela deve ser ouvida mesmo se a audiência for suspensa e nova data for marcada para não perder a viagem.

A ressalva do final do artigo – *observada em qualquer caso a ordem estabelecida no art. 531 deste Código* – traz à letra da lei observação importante, mas que já estava presente no sistema, qual seja, primeiro ouve-se a testemunha de acusação e em seguida as arroladas pela defesa. A inversão desta ordem dá margem à nulidade absoluta, pois desprestigia o princípio constitucional da ampla defesa.

Nessa ótica, a preservação do princípio da ampla defesa em detrimento do princípio da economia processual, ou, valendo-se da ponderação dos valores, a supremacia, neste caso, da defesa em comparação à celeridade processual, mostra que a busca por um processo rápido para dar ao legislador a sensação de efetividade encontra limites materiais no rol de direitos e garantias constitucionais.

Como era	Como ficou
Sem similar.	Art. 538. Nas infrações penais de menor potencial ofensivo, quando o juizado especial criminal encaminhar ao juízo comum as peças existentes para a adoção de outro procedimento, observar-se-á o procedimento sumário previsto neste Capítulo. § 1º (Revogado). § 2º (Revogado). § 3º (Revogado). § 4º (Revogado).

※ **O que mudou**

A regra prevista no parágrafo único do art. 66 da Lei 9.099/1995 – Juizados Especiais – cuida do mesmo tema nos seguintes termos: "Art. 66. (...) Parágrafo único. Não encontrado o acusado para ser citado, o Juiz encaminhará as peças existentes ao Juízo comum para adoção do procedimento previsto em lei."

Há outra hipótese prevista na Lei dos Juizados, no § 2º do art. 77: "Se a complexidade ou circunstância do caso não permitirem a formulação da denúncia, o Ministério Público poderá requerer ao juiz o encaminhamento das peças existentes, na forma do parágrafo único do art. 66 desta Lei."

Tanto no caso do acusado não ser encontrado para ser citado, quanto na hipótese da complexidade da causa tornar o rito sumaríssimo incompatível com seus princípios orientadores (oralidade, simplicidade, informalidade, economia processual e celeridade), existe a remissão para adoção do procedimento previsto em lei.

Agora, a remissão está diretamente ligada ao novo art. 538 que foi taxativo ao encaminhar os processos advindos do rito sumaríssimo para o rito sumário.

Parte II

Lei 11.690, de 9 de junho de 2008

Provas

Redação da Lei

Lei 11.690, de 9 de junho de 2008

> Altera dispositivos do Decreto-Lei 3.689, de 3 de outubro de 1941 – Código de Processo Penal, relativos à prova, e dá outras providências.

O Presidente da República Faço saber que o Congresso Nacional decreta e eu sanciono a seguinte Lei:

Art. 1º Os arts. 155, 156, 157, 159, 201, 210, 212, 217 e 386 do Decreto-Lei 3.689, de 3 de outubro de 1941 – Código de Processo Penal, passam a vigorar com as seguintes alterações:

(...)

Art. 2º Aqueles peritos que ingressaram sem exigência do diploma de curso superior até a data de entrada em vigor desta Lei continuarão a atuar exclusivamente nas respectivas áreas para as quais se habilitaram, ressalvados os peritos médicos.

Art. 3º Esta Lei entra em vigor 60 (sessenta) dias após a data de sua publicação.

Brasília, 9 de junho de 2008; 187º da Independência e 120º da República.

Comentários gerais

1.1 *Vacatio legis*

Esta lei entrará em vigor 60 (sessenta) dias após a data da publicação. Sabendo-se que foi publicada no dia 10 de junho de 2008, deve-se somar 60 dias, incluindo-se o dia da publicação e incluindo-se o dia final (conforme Lei Complementar 95/1998, com redação dada pela Lei Complementar 107/2001). Assim, contando-se os 60 dias, pode-se afirmar que a lei entrará em vigor no dia 11 de agosto deste ano.

Quando entrar em vigor, no sábado, será desde logo aplicada aos processos em andamento, sem que os atos já praticados sofram qualquer tipo de prejuízo, nos moldes do art. 2.º do CPP.

1.2 Aspectos relevantes

A responsabilização criminal de uma pessoa se dá com a prolação de uma decisão exarada por autoridade judiciária competente.

Essa decisão tomada em um Estado Democrático de Direito só será legítima se, além da autoridade ser a competente para a ação penal, estiver embasada no ordenamento jurídico vigente e no acervo probatório produzido sob a égide dos princípios do contraditório e da ampla defesa.

Desta forma, a importância que a instrução processual assume na vida do cidadão que será ou que está sendo processado é destacada.

O Título VII do Livro I do Código de Processo Penal cuida especificamente das provas.

O CPP priorizou a regulamentação normativa dos seguintes temas:

a) exames periciais;

b) interrogatório;

c) confissão;

d) ofendido;

e) testemunhas;

f) reconhecimento de pessoas;

g) reconhecimento de coisas;

h) acareação;

i) provas documentais;

j) indícios;

k) busca e apreensão;

l) ônus da prova;

m) livre apreciação pelo magistrado.

A Lei 11.690/2008 teve impacto na livre apreciação da prova pelo magistrado; no ônus da prova; no tratamento dado ao ofendido e na prova testemunhal. Para isso, modificou a redação de 9 artigos e não revogou nenhum.

O § 4º do art. 157 foi vetado, o que trará muita discussão doutrinária a respeito (vide comentários comparativos e razões de veto).

Destaque especial para a criação de mais uma hipótese de absolvição do réu, em seu art. 386. Agora teremos sete incisos, um a mais do que o anterior, mostrando-se a lei garantista neste aspecto.

1.3 Comparativo

Inicia-se, agora, uma comparação artigo por artigo das mudanças acarretadas no Código de Processo Penal trazidas, especificamente, pela Lei ora em comento – Lei 11.690, de 9 de junho de 2008.

Comentários comparativos

Como era	Como ficou
Art. 157. O juiz formará sua convicção pela livre apreciação da prova. Art. 155. No juízo penal, somente quanto ao estado das pessoas, serão observadas as restrições à prova estabelecidas na lei civil.	Art. 155. O juiz formará sua convicção pela livre apreciação da prova produzida em contraditório judicial, não podendo fundamentar sua decisão exclusivamente nos elementos informativos colhidos na investigação, ressalvadas as provas cautelares, não repetíveis e antecipadas. Parágrafo único. Somente quanto ao estado das pessoas serão observadas as restrições estabelecidas na lei civil.

✳   **O que mudou**

A nova redação do art. 155 do CPP ficou aquém do que era esperado pela doutrina.

Livre apreciação da prova: a regra antes da reforma estava prevista no art. 157 do CPP. Agora, o novo art. 155 fundiu os antigos arts. 157 e 155 do CPP para dar tratamento conjunto aos dois temas.

Em relação à formação da convicção do magistrado, manteve-se a livre apreciação, ou seja, a análise feita por cada juiz pode ser diferente, mesmo em relação a um mesmo dispositivo legal, valendo-se da interpretação e avaliação dada para cada elemento de prova produzido e trazido ao processo.

Se prestarmos atenção na redação literal do art. 155, podemos detectar que a livre apreciação está condicionada ao fato das provas terem sido produzidas sob o manto do contraditório, em juízo. Reza o *caput*: "o juiz formará sua convicção pela livre apreciação da prova *produzida em contraditório judicial* (...)". Ou seja, a convicção do juiz não está livre para apreciar as provas produzidas sem o contraditório judicial. Salvo, como afirma a parte final do mesmo artigo, as provas cautelares, não repetíveis e antecipadas.

Questão interessante pode ser detectada na decisão proferida pelo Conselho de Sentença que, se for manifestamente contrária à prova dos autos, será passível de anulação pelo Tribunal que designará outro julgamento. Isso se dá porque a decisão dos 7 juízes leigos não precisa ser motivada e a votação é protegida por sigilo constitucional, o que dá margem à possibilidade velada de erro material (injustiça substancial), o que não se coaduna com nosso atual regime democrático.

No juízo comum, todas as decisões serão motivadas sob pena de nulidade (art. 93, IX, CF). As partes têm acesso às decisões e sua motivação, o que facilita, e muito, na qualidade da prestação jurisdicional que lhes é prestada. Discordando do que fora decidido, há a possibilidade de uma segunda análise, valendo-se da via recursal.

Com essa gama de opções para chegar à verdade possível do processo, as partes possuem fortes instrumentos para conferir se a apreciação da prova feita pelo magistrado foi correta. Independente da opinião das partes, o juiz é livre para valorar o acervo probatório e manter a sua decisão.

Continuando a leitura do *caput*, chegamos ao ponto que certamente frustrou a maior parte da doutrina processual penal: continuamos vivendo em um Estado onde o processo penal é inquisitivo. Ou seja, o juiz continuará utilizando as provas produzidas na fase administrativa (inquérito policial, CPI) como elemento fundamentador de condenações. A mudança, que poderia ter sido completa e foi parcial, cuidou apenas para que a condenação não se desse exclusivamente com o material probatório produzido fora do contraditório judicial.

Na fase policial, inquisitiva, não há o contraditório e a ampla defesa, apesar da óbvia necessidade, justamente porque alguns magistrados utilizam as provas produzidas nesta fase para embasar suas condenações. Pergunto: qual é o valor da prova produzida sem o contraditório? Ela é constitucional? Ela pode ser utilizada para condenar?

Parecia que a tendência do processo inquisitivo estava sendo mitigada. Em 2007, com a Lei 11.449, o legislador tornou obrigatória a presença de advogado para acompanhar o inquérito policial, modificando o art. 306 do CPP. Seu § 1º reza: "Dentro em 24h (vinte e quatro horas) depois da prisão, será encaminhado ao juiz competente o auto de prisão em flagrante acompanhado de todas as oitivas colhidas e, *caso o autuado não informe o nome de seu advogado, cópia integral para a Defensoria Pública*" (grifo nosso).

Desta forma, se o preso em flagrante não informar o nome de seu advogado, receberá a visita de um defensor público para cuidar de seus interesses. Estamos trabalhando no campo normativo, sem nos preocupar, no momento, com os problemas práticos que ainda precisam ser resolvidos para que a regra seja efetivamente implementada.

Compatível com esta regra, a nova redação do art. 155 *caput* permite que o juiz, se amparado por outra prova produzida judicialmente sob o crivo do contraditório, condene o réu valendo-se de provas produzidas na fase inquisitiva.

Melhor seria se o legislador proibisse o juiz de utilizar as provas inquisitoriais repetíveis no processo, e deixasse este farto acervo direcionado, apenas, para o representante do Ministério Público decidir se denuncia ou se pede o arquivamento do inquérito policial.

De qualquer forma, podemos afirmar que o contraditório e a ampla defesa foram prestigiados, mas não na medida correta.

Restrições à prova estabelecidas na lei civil: as partes têm plena liberdade para produzir toda a prova permitida pelo Direito. As ilícitas, receberam vedação expressa do art. 157, que será comentado a seguir.

Entretanto, no parágrafo único do art. 155, há uma restrição. São as provas estabelecidas na lei civil. Por exemplo, entre a tentativa da parte de provar por testemunha que é menor de idade e a juntada de uma certidão de nascimento, vale a prova civil. O documento e sua veracidade somente poderão ser discutidos no juízo competente, e não na esfera criminal.

Outro exemplo muito comum é a juntada da certidão de óbito via revisão criminal buscando a extinção da punibilidade pela morte do agente (art. 107, I, do CP). O juiz criminal irá se ater ao conteúdo do documento, que tem fé pública, e na veracidade presumida das informações nele contidas.

Como era	Como ficou
Art. 156. A prova da alegação incumbirá a quem a fizer; mas o juiz poderá, no curso da instrução ou antes de proferir sentença, determinar, de ofício, diligências para dirimir dúvida sobre ponto relevante.	Art. 156. A prova da alegação incumbirá a quem a fizer, sendo, porém, facultado ao juiz de ofício: I – ordenar, mesmo antes de iniciada a ação penal, a produção antecipada de provas consideradas urgentes e relevantes, observando a necessidade, adequação e proporcionalidade da medida; II – determinar, no curso da instrução, ou antes de proferir sentença, a realização de diligências para dirimir dúvida sobre ponto relevante.

※ O que mudou

Ônus da prova: mantida a regra de que o ônus de se provar o alegado compete a quem fizer a alegação. Trata-se de regra em perfeita sintonia com os princípio gerais de direito, como a boa-fé, a obrigação de dizer a verdade, o esforço para buscar a verdade real, entre outros.

Provas produzidas pelo juiz de ofício: a polêmica trazida pelos novos incisos do art. 156 está relacionada à possibilidade de o juiz, de ofício, ordenar, mesmo antes de iniciada a ação penal, a produção antecipada de provas consideradas urgentes e relevantes, observando a necessidade, adequação e proporcionalidade da medida; e determinar, no curso da instrução, ou antes de proferir sentença, a realização de diligências para dirimir dúvida sobre ponto relevante.

A ampla maioria da doutrina e da jurisprudência abomina o fato do juiz sair de sua sala e buscar a produção de provas de ofício. Isso porque afirma-se que a ação penal não mais será conduzida de forma imparcial.

A simples escolha de qual prova deverá ser produzida de ofício e qual deixou de ser produzida já seria uma forte indicação de predisposição do juiz para condenar ou absolver.

Discordamos da maioria.

Somos adeptos da corrente que enxerga a ação penal como um múnus público. Desta forma, deve ser conduzido para que todas as informações possíveis relacionadas ao fato integrem a esfera probatória administrativa ou judicial. O trabalho de um juiz criminal no campo das provas que servirão de base para a absolvição ou condenação não pode ficar limitada à de mero espectador.

O juiz criminal é pago pelo Estado para fazer justiça nos casos concretos aplicando a lei e a Constituição. Para bem aplicá-las, deve conhecer o ordenamento jurídico. E para bem aplicá-las no caso concreto, deve ter à sua disposição todos os elementos fáticos existentes e relacionados com a conduta investigada. Somente desta forma, cumprirá seu dever jurisdicional de forma plena. Sua missão de fazer justiça não pode ser limitada pela suposição de quebra de imparcialidade e vício no julgamento a ser futuramente prolatado.

Não pode o juiz ficar atrelado apenas aos trabalhos desenvolvidos pelas partes na formação das provas.

Apenas para exemplificar, se a busca pela prova fosse totalmente suprimida de nosso ordenamento jurídico, apenas as partes poderiam interrogar o réu, devendo o juiz ficar silente, sob pena de corromper a prova e a parcialidade de sua futura decisão.

Não nos parece a melhor solução. Caso as partes entendam que houve contaminação das provas produzidas de ofício pelo juiz, têm à sua disposição o acervo recursal do CPP. Com a produção de ofício de provas antes mesmo de iniciada a ação penal, torna-se autoridade coatora e seus atos, se ilícitos ou inconstitucionais, já podem ser questionados via *habeas corpus*. Mas esta análise, realizada em instância superior, deve ser feita de forma pontual, caso a caso, e não de forma generalizada, preconceituosa, sob pena de impedir a função jurisdicional de buscar a justiça para o caso concreto.

Não se pode confundir juiz inquisidor com juiz cumpridor de sua função. O inquisidor busca as provas que lhe convém para ratificar um pré-julgamento já estabelecido em sua mente. O juiz cumpridor de sua função busca toda e qualquer prova não produzida pelas partes para robustecer sua decisão com o máximo da verdade possível.

Lembrem-se: o artigo cuida da possibilidade do juiz determinar a produção de provas, e não da criação de seu conteúdo.

Como era	Como ficou
Sem similar.	Art. 157. São inadmissíveis, devendo ser desentranhadas do processo, as provas ilícitas, assim entendidas as obtidas em violação a normas constitucionais ou legais.
	§ 1º São também inadmissíveis as provas derivadas das ilícitas, salvo quando não evidenciado o nexo de causalidade entre umas e outras, ou quando as derivadas puderem ser obtidas por uma fonte independente das primeiras.
	§ 2º Considera-se fonte independente aquela que por si só, seguindo os trâmites típicos e de praxe, próprios da investigação ou instrução criminal, seria capaz de conduzir ao fato objeto da prova.
	§ 3º Preclusa a decisão de desentranhamento da prova declarada inadmissível, esta será inutilizada por decisão judicial, facultado às partes acompanhar o incidente.
	§ 4º (VETADO)

※ **O que mudou**

A vedação da utilização das provas ilícitas estava localizada, exclusivamente, no art. 5.º, LVI, da Constituição Federal.

Agora, a proibição de utilização das provas obtidas ilicitamente, vem repetida no próprio texto do CPP, com alguns acréscimos e observações relevantes.

A primeira grande contribuição foi inserir na redação do artigo, de forma expressa, que a ilicitude da prova deve ser vista como aquela que desrespeita o ordenamento jurídico como um todo, ou seja, tanto as previsões infraconstitucionais quanto as regras constitucionais. Para aqueles que ainda não perceberam (e não são poucos), as regras previstas na Constituição Federal têm força normativa, ou seja, podem ser aplicadas diretamente nas decisões judiciais e são de observação obrigatória para toda a coletividade.

Define-se a prova ilícita como aquela que não permite a juntada e manutenção de provas produzidas com violações a direitos humanos fundamentais.

Quem decide a respeito da ilicitude de uma prova é o Poder Judiciário. Ao valorar, por exemplo, uma transcrição de depoimento ou um documento escrito como obtido ilicitamente, deverá, nos termos da nova redação do art. 157, determinar o *desentranhamento* da prova previamente juntada no processo.

Complementado o tema, o § 3º do novo art. 157 reza: "preclusa a decisão de desentranhamento da prova declarada inadmissível, esta será inutilizada por decisão judicial, facultado às partes acompanhar o incidente".

Contra a decisão que determina o desentranhamento da prova considerada ilícita não há previsão de recurso. Deve o acusado utilizar o *habeas corpus* e a acusação o mandado de segurança.

Um ponto que criará alguma polêmica está relacionado ao fato do *caput* ter silenciado sobre a possibilidade da prova ilícita ser utilizada em favor do réu.

Exemplificando, imagine o réu que responde por tráfico de drogas juntando no processo a confissão do verdadeiro traficante para ser absolvido, obtida mediante tortura. Ela será lícita? Obviamente que não. A tortura contamina a prova com a ilicitude. Parece-nos que ela não deve ser desentranhada do processo. A verdade real deve ser considerada mais importante pelo juiz do que a contaminação da prova pela tortura. No exemplo dado, a prova contaminada servirá apenas para impedir a condenação do inocente, e nunca para condenar àquele que confessou sob condições extremas.

Os §§ 1º e 2º cuidam das provas ilícitas por derivação que também sofrerão as conseqüências do desentranhamento e àquelas que poderão ser utilizadas pela ausência do nexo causal e pela possibilidade de sua criação hipotética por fontes de prova independentes.

Trata-se da regulamentação normativa da já conhecida teoria dos frutos da árvore envenenada (*fruits of the poisonous tree*). Se a árvore está envenenada, seus frutos também estarão.

As provas derivadas são aquelas decorrentes de outra produzida anteriormente. Por exemplo, durante uma escuta telefônica realizada sem autorização judicial (prova ilícita), descobre-se o local de um documento que prova a prática de outro crime. A obtenção dessa prova documental deu-se por via reflexa e derivada da prova ilícita.

Se o nexo de causalidade entre as provas ilícita e derivada for evidente, a ilicitude da primeira estende-se à segunda. Em decorrência disso, ambas devem ser desentranhadas do processo se anteriormente juntadas ou inadmitidas.

Inconstitucionalidade: a regra constitucional diz: "Art. 5º (...) LVI – são inadmissíveis, no processo, as provas obtidas por meios ilícitos;".

Percebam que a Constituição Federal trouxe uma regra, em tese, sem exceções. Qualquer ressalva a essa garantia constitucional só será admitida se também for derivada de regra materialmente constitucional.

Desta forma, o legislador não poderia, em hipótese nenhuma, reduzir o alcance do inc. LVI do art. 5º da CF valendo-se de uma lei ordinária.

Em nossa opinião a ressalva que explicaremos abaixo, por razões didáticas, será, em breve, declarada inconstitucional.

Voltando à exceção prevista pela lei para a utilização da prova derivada pelo juiz, se não evidenciado o nexo de causalidade entre uma e outra, ou quando as derivadas puderem ser obtidas por uma fonte independente das primeiras, a prova derivada poderá ser juntada e valorada livremente pelo juiz no processo.

O § 2º especifica quando a evidência deverá ser entendida como originária de fonte independente. Será aquela prova que, por si só, seguindo os trâmites típicos e de praxe, próprios da investigação ou instrução criminal, seja capaz de conduzir ao fato objeto da prova.

✳ **Redação do § 4º vetado:**

"Art. 157 (...) § 4º O juiz que conhecer do conteúdo da prova declarada inadmissível não poderá proferir a sentença ou acórdão."

✳ **Razões do veto**

"O objetivo primordial da reforma processual penal consubstanciada, dentre outros, no presente projeto de lei, é imprimir celeridade e simplicidade ao desfecho do processo e assegurar a prestação jurisdicional em condições adequadas. O referido dispositivo vai de encontro a tal movimento, uma vez que pode causar transtornos razoáveis ao andamento processual, ao obrigar que o juiz que fez toda a instrução processual deva ser, eventualmente substituído por outro que nem sequer conhece o caso.

Ademais, quando o processo não mais se encontra em primeira instância, a sua redistribuição não atende necessariamente ao que propõe o dispositivo, eis que mesmo que o magistrado conhecedor da prova inadmissível seja afastado da relatoria da matéria, poderá ter que proferir seu voto em razão da obrigatoriedade da decisão coligada."

Esse veto dará ensejo a muitas discussões. O § 4º tinha como intuito a manutenção da imparcialidade do juiz. O juiz que tivesse contato com a prova declarada inadmissível, por ser ilícita, não poderia proferir a decisão final.

A preocupação da regra trazida pelo § 4° era perfeitamente correta. Independentemente do desentranhamento da prova considerada ilícita, o juiz já teve acesso ao seu conteúdo e, mesmo de forma implícita e subjetiva, não utilizada na motivação da decisão, o conteúdo da prova ilícita certamente será considerado na formação das premissas que desencadearão o resultado do julgamento.

Entretanto, por mais lógico e constitucional que possa parecer, a regra foi vetada.

Como lidas acima, as razões de veto apresentadas, como a preocupação com a substituição do juízo e o desrespeito à celeridade do processo; além da vinculação do juízo da instrução no cumprimento dos provimentos mandamentais dos tribunais, estão muito distantes do foco real do problema.

A contaminação do juízo pela valoração da prova declarada ilícita passa a ser, com este veto, ignorada pelo sistema. Mais um tópico da reforma que, certamente, será apreciado por nossa Corte Constitucional.

Como era	Como ficou
Art. 159. Os exames de corpo de delito e as outras perícias serão feitos por dois peritos oficiais. § 1° Não havendo peritos oficiais, o exame será realizado por duas pessoas idôneas, portadoras de diploma de curso superior, escolhidas, de preferência, entre as que tiverem habilitação técnica relacionada à natureza do exame. § 2° Os peritos não oficiais prestarão o compromisso de bem e fielmente desempenhar o encargo.	Art. 159. O exame de corpo de delito e outras perícias serão realizados por perito oficial, portador de diploma de curso superior. § 1° Na falta de perito oficial, o exame será realizado por 2 (duas) pessoas idôneas, portadoras de diploma de curso superior preferencialmente na área específica, dentre as que tiverem habilitação técnica relacionada com a natureza do exame. § 2° Os peritos não oficiais prestarão o compromisso de bem e fielmente desempenhar o encargo. § 3° Serão facultadas ao Ministério Público, ao assistente de acusação, ao ofendido, ao querelante e ao acusado a formulação de quesitos e indicação de assistente técnico.

Como era	Como ficou
	§ 4º O assistente técnico atuará a partir de sua admissão pelo juiz e após a conclusão dos exames e elaboração do laudo pelos peritos oficiais, sendo as partes intimadas desta decisão. § 5º Durante o curso do processo judicial, é permitido às partes, quanto à perícia: I – requerer a oitiva dos peritos para esclarecerem a prova ou para responderem a quesitos, desde que o mandado de intimação e os quesitos ou questões a serem esclarecidas sejam encaminhados com antecedência mínima de 10 (dez) dias, podendo apresentar as respostas em laudo complementar; II – indicar assistentes técnicos que poderão apresentar pareceres em prazo a ser fixado pelo juiz ou ser inquiridos em audiência. § 6º Havendo requerimento das partes, o material probatório que serviu de base à perícia será disponibilizado no ambiente do órgão oficial, que manterá sempre sua guarda, e na presença de perito oficial, para exame pelos assistentes, salvo se for impossível a sua conservação. § 7º Tratando-se de perícia complexa que abranja mais de uma área de conhecimento especializado, poder-se-á designar a atuação de mais de um perito oficial, e a parte indicar mais de um assistente técnico.

✳ O que mudou

Número de peritos oficiais: a perícia agora será elaborada por apenas 1 perito oficial, titular de diploma de curso superior. Se a perícia a ser realizada for complexa (abranja mais de uma área de conhecimento) a lei prevê a possibilidade do juiz designar mais de um perito oficial (§ 7º).

A Lei de Drogas (11.343/2006) já havia reduzido a dúplice exigência técnica para os laudos de constatação. Agora, a alteração do art. 159 vale para todos os ritos, salvo os especiais que poderão ter previsão própria com estipulação diferenciada. Entretanto, o ideal é manter, para toda e qualquer perícia oficial, apenas um perito. Trata-se da mudança da lei em virtude da precária estrutura técnica do País. Sempre afirmamos que a lei não muda a realidade do País. O legislador deve estar atento para adaptar as regras abstratas aos problemas concretos da Nação, inclusive a carência estrutural e de recursos humanos na área técnica.

Mesmo havendo previsão de apenas um perito oficial, a lei manteve a previsão do antigo § 1º que prevê situações onde nem mesmo um perito oficial estará disponível. Na falta de perito oficial, o exame será realizado por 2 pessoas titulares de diploma de curso superior, preferencialmente para a área específica do exame a ser feito. Neste caso, prestarão o compromisso de bem e fielmente desempenhar o encargo. Como se o compromisso oral automaticamente trouxesse a necessária carga de profissionalismo e capacidade técnica. Formalidades da lei.

Assistente técnico: a Lei 11.690/2008 trouxe mais um instituto do Processo Civil para o Processo Penal. Trata-se do assistente técnico. Sujeito processual muito comum na esfera cível, o assistente é um profissional, contratado pelas partes, para acompanhar a perícia, a resposta dos quesitos formulados pelas partes e, inclusive, refutar algumas ou todas as conclusões oficiais com argumentos de natureza técnica.

Em nome da ampla defesa e do contraditório, basilares de um processo legítimo e lícito, a regra prevista no § 4º deve ser tida como não escrita, até que seja decretada a sua inconstitucionalidade pelo STF, futuramente.

Se no processo civil é facultado às partes acompanhar a diligência e formular quesitos suplementares, não existe coerência ou desigualdade que justifique o tratamento díspare para a atuação do assistente no processo penal, onde os direitos em jogo são indisponíveis. Certamente, para suprir essa deficiência da lei, após a admissão do assistente pelo juiz, o magistrado deverá providenciar todas as informações técnicas para a parte interessada, como o dia, a hora e o local onde as diligências serão realizadas.

O § 5º deixa claro que não teremos a figura do assistente antes do recebimento da denúncia. Reza que durante o curso do processo judicial (e não do inquérito), as partes poderão, desde que o mandado de intimação e os quesitos ou questões a serem esclarecidas sejam encaminhados com antecedência mínima de 10 (dez) dias, requerer a oitiva dos peritos para esclarecerem a prova ou para responderem a quesitos, podendo apresentar as respostas em laudo complementar.

As partes ainda podem requerer a disponibilização do material probatório que serviu de base à perícia e a sua manutenção no ambiente do órgão oficial, viabilizando perícias complementares pelos assistentes, salvo na hipótese em que for impossível a sua conservação.

Como era	Como ficou
Capítulo V DAS PERGUNTAS AO OFENDIDO Art. 201. Sempre que possível, o ofendido será qualificado e perguntado sobre as circunstâncias da infração, quem seja ou presuma ser o seu autor, as provas que possa indicar, tomando-se por termo as suas declarações. Parágrafo único. Se, intimado para esse fim, deixar de comparecer sem motivo justo, o ofendido poderá ser conduzido à presença da autoridade.	Capítulo V DO OFENDIDO Art. 201. Sempre que possível, o ofendido será qualificado e perguntado sobre as circunstâncias da infração, quem seja ou presuma ser o seu autor, as provas que possa indicar, tomando-se por termo as suas declarações. § 1º Se, intimado para esse fim, deixar de comparecer sem motivo justo, o ofendido poderá ser conduzido à presença da autoridade. § 2º O ofendido será comunicado dos atos processuais relativos ao ingresso e à saída do acusado da prisão, à designação de data para audiência e à sentença e respectivos acórdãos que a mantenham ou modifiquem.

Como era	Como ficou
	§ 3º As comunicações ao ofendido deverão ser feitas no endereço por ele indicado, admitindo-se, por opção do ofendido, o uso de meio eletrônico. § 4º Antes do início da audiência e durante a sua realização, será reservado espaço separado para o ofendido. § 5º Se o juiz entender necessário, poderá encaminhar o ofendido para atendimento multidisciplinar, especialmente nas áreas psicossocial, de assistência jurídica e de saúde, a expensas do ofensor ou do Estado. § 6º O juiz tomará as providências necessárias à preservação da intimidade, vida privada, honra e imagem do ofendido, podendo, inclusive, determinar o segredo de justiça em relação aos dados, depoimentos e outras informações constantes dos autos a seu respeito para evitar sua exposição aos meios de comunicação.

✳ **O que mudou**

O ofendido passou a ser tratado com mais importância pela legislação processual.

Antes da reforma, o Capítulo V tratava apenas das perguntas ao ofendido. E não ia além disso.

Agora, temos importantes estudos na área da Criminologia a respeito da vítima dos delitos: a vitimologia. A vítima, em alguns casos, desempenha papel relevante em todo o ambiente do delito praticado. Merecia mais atenção da legislação processual e penal. O CPP saiu na frente.

Além dos questionamentos a serem feitos, repetida a regra antiga, outros pontos de destaque merecem a nossa observação.

O ofendido será comunicado, nos endereços (físico ou eletrônico) por ele indicados no momento da *notitia criminis*, dos atos processuais relativos ao ingresso e à saída do acusado da prisão, à designação de data para audiência e à sentença e acórdãos que mantenham ou modifiquem a decisão de primeiro grau.

Ele ganha um espaço separado antes e durante a realização da audiência. Em alguns locais onde a estrutura forense não disponha de tanto espaço, sugerimos seja colocado com as testemunhas de acusação.

O agente do delito ou o Estado custearão os necessários tratamentos para o ofendido, em busca de reequilibrar sua saúde física e mental, abaladas pela prática do crime. Obrigar um inocente (até a decisão condenatória tornar-se imutável o acusado deve assim ser considerado) a custear o tratamento da vítima fere frontalmente a Constituição.

Parece-nos que esta regra só será constitucional se lida da seguinte forma: o Estado adianta as despesas para o tratamento do ofendido e, caso haja decisão condenatória com trânsito em julgado, o juiz, com base na nova redação do art. 63 do CPP, ao fixar eventual indenização, indicará o quanto o Estado gastou com aquele tratamento, viabilizando, além da quantificação da ação civil *ex delicto* para a vítima, o valor devido ao Estado que deverá ser inscrito como dívida ativa. Não se trata de legislar a respeito, mas sim de interpretar a lei de forma global, sistemática, com o restante de todo o ordenamento.

O § 6º cuida da preservação da intimidade, vida privada, honra e imagem do ofendido. O juiz poderá, em nome dessa preservação, determinar o segredo de justiça em relação aos dados, depoimentos e outras informações constantes dos autos a seu respeito para evitar sua exposição aos meios de comunicação. Veremos se eventual determinação judicial será capaz de conter os anseios midiáticos por rostos, imagens e nomes relacionados à área criminal.

Como era	Como ficou
Art. 210. As testemunhas serão inquiridas cada uma de per si, de modo que umas não saibam nem ouçam os depoimentos das outras, devendo o juiz adverti-las das penas cominadas ao falso testemunho.	Art. 210. As testemunhas serão inquiridas cada uma de per si, de modo que umas não saibam nem ouçam os depoimentos das outras, devendo o juiz adverti-las das penas cominadas ao falso testemunho. Parágrafo único. Antes do início da audiência e durante a sua realização, serão reservados espaços separados para a garantia da incomunicabilidade das testemunhas.

✳ **O que mudou**

As testemunhas devem ser recolhidas em local onde não possam ouvir o depoimento das outras, para não sofrer interferência em sua impressões sobre o fato colocado em julgamento.

Muitas testemunhas não tem certeza absoluta do que irão dizer e, caso ouçam uma versão similar com alguns acréscimos, é possível que utilize os detalhes que escutou para incrementar o seu próprio depoimento a respeito dos fatos.

A regra busca preservar as diferentes versões a respeito do crime apurado. Muitas vezes, a defesa utiliza as diferentes versões da testemunha para pedir a absolvição pela fragilidade das provas ou pela contradição na versão apresentada pelas testemunhas, pois in *dubio pro reo*.

Como era	Como ficou
Art. 212. As perguntas das partes serão requeridas ao juiz, que as formulará à testemunha. O juiz não poderá recusar as perguntas da parte, salvo se não tiverem relação com o processo ou importarem repetição de outra já respondida.	Art. 212. As perguntas serão formuladas pelas partes diretamente à testemunha, não admitindo o juiz aquelas que puderem induzir a resposta, não tiverem relação com a causa ou importarem na repetição de outra já respondida. Parágrafo único. Sobre os pontos não esclarecidos, o juiz poderá complementar a inquirição.

※ **O que mudou**

A regra do art. 212 chegou em boa hora. O atual sistema, chamado presidencialista, de perguntas para a testemunha beirava o ridículo. A testemunha ficava a menos de 1 metro do advogado e do promotor mas estes, por vedação da antiga regra do art. 212 do CPP, não podiam fazer perguntas diretamente para a testemunha. Deviam elaborar a pergunta para o juiz e este, se considerasse a questão pertinente, repetia para a testemunha. Caso não concordasse com a pertinência da questão, indeferia de plano e restava à parte consignar o ocorrido na ata da audiência de instrução.

Agora, com a nova regra do art. 212, chamada no direito anglo saxão de *cross examination*, o controle judicial foi mantido, mas passa a ser diferido, ou seja, as partes perguntam diretamente à testemunha e, caso o juiz entenda impertinente, indefere.

Mas, no silêncio do juiz, a testemunha pode responder diretamente, o que traz agilidade e contribui para o encerramento da "super audiência" (remetemos o leitor aos comentários do art. 400, na Parte I deste livro).

Outra novidade é a possibilidade do juiz complementar a inquirição das testemunhas da acusação e da defesa. Conforme as regras do novo art. 473 do CPP, o juiz faz as perguntas para a testemunha em primeiro lugar. Em seguida, as partes perguntam diretamente para a testemunha. No final, a lei ainda prevê a possibilidade de o juiz reinquirir a testemunha sobre fato complementar.

Parece-nos salutar a previsão para que a ampla defesa seja observada. O juiz não é mais o dono das perguntas. Elas poderão ser feitas diretamente pelas partes sem passar pelo filtro pessoal do juiz, ou seja, as suas impressões subjetivas e os conseqüentes indeferimentos, em muitas ocasiões, impediam que novos fatos fossem discutidos no decorrer da audiência.

Agora, o seu afastamento parcial do controle da produção da prova testemunhal viabilizará uma nova realidade, onde quem ganha é a verdade dos fatos.

O juiz poderá ser surpreendido com questões e respostas importantes derivadas do *cross examination* e poderá valer-se de sua experiência jurisdicional para elaborar novas questões relacionadas a novos fatos.

Discordamos dos que tratam a busca judicial por provas como quebra de imparcialidade. O juiz criminal não é figura inerte. Assim como a legislação penal, ele existe e exerce suas funções para assegurar a observância do Estado na necessária punição dos culpados. O inocente, durante todo o processo, terá seus direitos e garantias assegurados também e principalmente pelo magistrado que deverá utilizar todo o seu poder jurisdicional para manter o *status quo* de inocente do agente passivo da ação penal.

Nesse ambiente, cada vez mais raro nos dias atuais, o juiz poderá buscar provas de ofício para alimentar o processo com o máximo possível de informações. Caso direcione a colheita de provas ou mostre parcialidade em sua conduta, a análise da nulidade deve ser feita no caso concreto pela parte prejudicada.

Como era	Como ficou
Art. 217. Se o juiz verificar que a presença do réu, pela sua atitude, poderá influir no ânimo da testemunha, de modo que prejudique a verdade do depoimento, fará retirá-lo, prosseguindo na inquirição, com a presença do seu defensor. Neste caso deverão constar do termo a ocorrência e os motivos que a determinaram.	Art. 217. Se o juiz verificar que a presença do réu poderá causar humilhação, temor, ou sério constrangimento à testemunha ou ao ofendido, de modo que prejudique a verdade do depoimento, fará a inquirição por videoconferência e, somente na impossibilidade dessa forma, determinará a retirada do réu, prosseguindo na inquirição, com a presença do seu defensor. Parágrafo único. A adoção de qualquer das medidas previstas no *caput* deste artigo deverá constar do termo, assim como os motivos que a determinaram.

✳ **O que mudou**

Além das testemunhas, a lei incluiu o ofendido neste rol de pessoas que poderão se sentir humilhadas, com medo ou constrangidas com a presença do réu.

Nesses casos, o juiz determinará a oitiva do ofendido ou da testemunha por videoconferência. Caso não exista essa possibilidade técnica, o juiz determinará a retirada do réu, mas seu defensor, como já estava previsto antes da reforma, continuará na sala para acompanhar a oitiva e fazer perguntas diretamente à testemunha ou ao ofendido.

Lembramos que a 2.ª Turma do STF já se posicionou de forma contrária ao interrogatório do réu por videoconferência (HC 88.914-SP). Aqui, estamos tratando da oitiva da testemunha, e não do acusado, que é outra situação.

Como era	Como ficou
Art. 386. (...) IV – não existir prova de ter o réu concorrido para a infração penal; V – existir circunstância que exclua o crime ou isente o réu de pena (arts. 17, 18, 19, 22 e 24, § 1º, do Código Penal); VI – não existir prova suficiente para a condenação. Parágrafo único. (...) II – ordenará a cessação das penas acessórias provisoriamente aplicadas;	Art. 386. (...) IV – estar provado que o réu não concorreu para a infração penal; V – não existir prova de ter o réu concorrido para a infração penal; VI – existirem circunstâncias que excluam o crime ou isentem o réu de pena (arts. 20, 21, 22, 23, 26 e § 1º do art. 28, todos do Código Penal), ou mesmo se houver fundada dúvida sobre sua existência; VII – não existir prova suficiente para a condenação. Parágrafo único. (...) II – ordenará a cessação das medidas cautelares e provisoriamente aplicadas;

✳ **O que mudou**

A Lei traz novas hipóteses de absolvição.

Antes tínhamos 6 incisos. Agora eles são 7.

A absolvição do acusado gira em torno de duas premissas principais: a materialidade e a autoria.

Realmente tínhamos algumas lacunas na redação do art. 386 do CPP.

Inciso IV: quanto à autoria, não tínhamos nenhum inciso para a existência de provas de que o réu não praticou a infração penal. Tínhamos apenas o inc. IV, para os casos onde não existissem provas de ter o réu concorrido para a infração penal.

Importante: uma situação é *não existir prova* da autoria; outra bem diferente é *estar provada a autoria negativa*, ou seja, está provado que não foi o acusado o responsável pelo crime em tela.

O leitor deve estar se perguntando: mas no que isso muda a realidade? O réu não será absolvido do mesmo jeito?

As conseqüências jurídicas dessa nova hipótese de absolvição são muito significativas.

Ao afirmar categoricamente que não foi o réu o causador do fato típico, o juiz criminal quebra o nexo de causalidade entre o fato e o resultado jurídico negativo para a vítima.

Desta forma, a vítima não mais poderá buscar provas do nexo de causalidade na esfera cível, em eventual indenização pecuniária.

Se o réu fosse absolvido com base no antigo inc. IV, o juiz criminal limitar-se-ia a afirmar que a acusação não encontrou provas para a condenação, e por isso o réu será absolvido. Nada impede a vítima de ingressar no juízo cível com ação de indenização e buscar provas do nexo de causalidade entre o fato e o resultado jurídico. Descobrindo as novas provas, o réu seria obrigado a indenizar a vítima.

O CPP data de 3 de outubro de 1941. Estamos um julho de 2008. Incrível a demora de quase sete décadas para corrigir essa lacuna legal. Antes tarde do que nunca.

Inciso VI: o número dos arts. arts. 20, 21, 22, 23, 26 e § 1º do art. 28, todos do Código Penal, foram atualizados de acordo com a reforma da Parte Geral do Código Penal de 1984. Além disso, houve um acréscimo no final do inciso nos seguintes termos: "ou mesmo se houver fundada dúvida sobre sua existência". A lei ao fazer esta menção refere-se à dúvida sobre a existência das excludentes mencionadas no próprio inciso. Por exemplo, se houver dúvida sobre a lesão corporal ter sido praticada em legítima defesa, o réu deverá ser absolvido com base no inciso VI, parte final.

Parte III

Lei 11.689, de 9 de junho de 2008

Júri

Redação da Lei

Lei 11.689, de 9 junho de 2008

> Altera dispositivos do Decreto-Lei 3.689, de 3 de outubro de 1941 – Código de Processo Penal, relativos ao Tribunal do Júri, e dá outras providências.

O Presidente da República Faço saber que o Congresso Nacional decreta e eu sanciono a seguinte Lei:

Art. 1º O Capítulo II do Título I do Livro II do Decreto-Lei 3.689, de 3 de outubro de 1941 – Código de Processo Penal, passa a vigorar com a seguinte redação:

(...)

Art. 2º O art. 581 do Decreto-Lei 3.689, de 3 de outubro de 1941 – Código de Processo Penal, passa a vigorar com a seguinte redação:

Art. 581 (...)

IV – que pronunciar o réu;

(...)

VI – (revogado);

Art. 3º Esta Lei entra em vigor 60 (sessenta) dias após a data de sua publicação.

Art. 4º Ficam revogados o inciso VI do *caput* do art. 581 e o Capítulo IV do Título II do Livro III, ambos do Decreto-Lei 3.689, de 3 de outubro de 1941 – Código de Processo Penal.

Brasília, 9 de junho de 2008; 187º da Independência e 120º da República.

Comentários gerais

1.1 Vacatio legis

Esta lei entrará em vigor 60 (sessenta) dias após a data da publicação. Sabendo-se que foi publicada no dia 10 de junho de 2008, deve-se somar 60 dias, incluindo-se o dia da publicação e o dia final (conforme Lei Complementar 95/1998). Assim, contando-se os 60 dias pode-se afirmar que a lei entrará em vigor no dia 11 de agosto de 2008.

1.2 Aspectos relevantes

A Lei 11.689/2008 modificou a redação de todos os artigos relacionados ao Tribunal do Júri. Desde o art. 406 até o art. 497, criou-se um rito integral, o que auxilia o aplicador do direito a vislumbrar as alterações de forma completa, fechada. Temos um novo rito especial a ser estudado.

Foi expressamente revogado o recurso do protesto por novo júri, previsto no Capítulo IV do Título II do Livro III do CPP. Trata-se de antiga solicitação da doutrina mais repressiva que entende ser mais importante a economia processual do que dar uma nova oportunidade de julgamento para aqueles que cumprirão uma pena igual ou superior a 20 anos de reclusão, tendo sido julgados por pessoas que não possuem conhecimentos na área penal e constitucional.

Quando um agente, após o protesto por novo júri, é absolvido no segundo julgamento, depois de ter sido condenado anteriormente a pena privativa de liberdade igual ou maior que 20 anos, não significa que um criminoso ficou livre, mas sim que uma injustiça com um inocente foi corrigida.

1.3 Comparativo

Inicia-se, agora, uma comparação artigo por artigo das mudanças acarretadas no Código de Processo Penal trazidas, especificamente, pela Lei ora em comento – Lei 11.689, de 9 de junho de 2008.

> Cuidado especial para o leitor: neste comparativo, tendo em vista a alteração de toda a sistemática do júri, no quadro *Como era* apresentaremos não o mesmo número do artigo do quadro à direita *Como ficou*, e sim o artigo com a numeração anterior que trazia o mesmo conteúdo, quando preexistente a regra similar e tratava da mesma matéria. Caso o tratamento jurídico seja totalmente novo, no quadro Como era escreveremos *sem similar*.

Comentários comparativos

Como era	Como ficou
Art. 406. Terminada a inquirição das testemunhas, mandará o juiz dar vista dos autos, para alegações, ao Ministério Público, pelo prazo de 5 (cinco) dias, e, em seguida, por igual prazo, e em cartório, ao defensor do réu.	Capítulo II DO PROCEDIMENTO RELATIVO AOS PROCESSOS DA COMPETÊNCIA DO TRIBUNAL DO JÚRI Seção I Da Acusação e da Instrução Preliminar Art. 406. O juiz, ao receber a denúncia ou a queixa, ordenará a citação do acusado para responder a acusação, por escrito, no prazo de 10 (dez) dias. § 1º O prazo previsto no *caput* deste artigo será contado a partir do efetivo cumprimento do mandado ou do comparecimento, em juízo, do acusado ou de defensor constituído, no caso de citação inválida ou por edital. § 2º A acusação deverá arrolar testemunhas, até o máximo de 8 (oito), na denúncia ou na queixa. § 3º Na resposta, o acusado poderá argüir preliminares e alegar tudo que interesse a sua defesa, oferecer documentos e justificações, especificar as provas pretendidas e arrolar testemunhas, até o máximo de 8 (oito), qualificando-as e requerendo sua intimação, quando necessário.

* **O que mudou**

Apesar de toda a alteração no rito especial do Júri, algumas regras foram mantidas, como a subdivisão em duas fases: a *judicium accusationis* e a *judicium causae*.

Neste primeiro momento, seguindo a lógica dos artigos, estudaremos a 1.ª fase chamada de *juízo de acusação*, onde as provas são produzidas sob o crivo do contraditório e servirão como suporte para a decisão final desta fase, onde o magistrado poderá, como antes, desclassificar; absolver sumariamente; impronunciar ou pronunciar o réu.

Seguindo a nova sistemática de concentração dos atos instrutórios do processo, também teremos na primeira fase do rito do júri a busca pela celeridade de seu encerramento.

Todo o rito foi modificado para buscar seu encerramento rápido, como uma resposta popular à necessidade de justiça rápida, como se a sensação de justiça fosse mais importante do que a própria justiça. Uma pena.

Abrindo mão da maturação probatória e do tempo para a defesa e a acusação trabalharem, colocou-se como prioridade o rápido encerramento do juízo de acusação.

O interrogatório do réu deixa de ser o primeiro ato de prova. Foi levado para o final dos atos de instrução.

Agora, ao receber a peça inicial acusatória, o juiz ordena a citação do réu para apresentar uma resposta prévia aos termos da acusação, por escrito, no prazo de 10 dias. Esse prazo será contado, nos termos do § 1º, a partir do efetivo cumprimento do mandado ou do comparecimento, em juízo, do acusado ou de defensor constituído, no caso de citação inválida ou por edital.

Nessa resposta o acusado deverá argüir tudo o que puder contribuir para a sua defesa, desde preliminares, juntada de documentos, especificar as provas pretendidas, arrolar sua testemunhas já qualificando-as e requerendo sua intimação.

Tanto a acusação quanto a defesa podem arrolar até 8 testemunhas nesta primeira fase, como já estipulado antes da reforma.

Não agiu bem o legislador quando mencionou a possibilidade do réu oferecer justificações (§ 3º) que poderão ser solicitadas em sua resposta escrita.

A cautelar de justificação, muito utilizada para produzir provas em ritos procedimentais onde não há espaço para tal, como a Revisão Criminal que já deve ser recebida pelo Tribunal com as provas produzidas na audiência de justificação, não tem lugar no Júri. Para que pedir uma justificação para produzir provas se, em seguida, a lei abre espaço, na "super audiência" do art. 411, para que toda as provas permitidas pelo Direito sejam produzidas.

Como era	Como ficou
Sem similar.	Art. 407. As exceções serão processadas em apartado, nos termos dos arts. 95 a 112 deste Código.

* O que mudou

O teor do art. 111 do CPP é repetido na nova redação do art. 407. Trata do processamento em apartado das exceções, diferenciando, de forma a separar as lides, a ação principal da questão acessória.

Como era	Como ficou
Sem similar.	Art. 408. Não apresentada a resposta no prazo legal, o juiz nomeará defensor para oferecê-la em até 10 (dez) dias, concedendo-lhe vista dos autos.

* O que mudou

Se a defesa preliminar não for apresentada no prazo legal, a lei obriga o magistrado a nomear um defensor para, como mandatário dos interesses do acusado, apresentá-la no prazo máximo de 10 dias.

Tendo em vista o ingresso pontual na ação, nada mais correto para viabilizar o bom desempenho da função seja concedido ao advogado vista dos autos.

Como era	Como ficou
Sem similar.	Art. 409. Apresentada a defesa, o juiz ouvirá o Ministério Público ou o querelante sobre preliminares e documentos, em 5 (cinco) dias.

✵ **O que mudou**

Encerrada a fase da apresentação da defesa preliminar, cabe ao juiz ouvir, em 5 dias, o representante do Ministério Público, se a ação penal for pública, ou o querelante, se a ação penal for privada, sobre questões preliminares e provas documentais.

Adaptando o novo rito especial para apuração de crimes previstos na Lei de Drogas, ou no caso da defesa prévia dos funcionários públicos, é dada a oportunidade para a parte se defender das acusações apresentadas na denúncia ou queixa.

O art. 409 traz o momento correto para a acusação rebater ou fortalecer as provas que tiver apresentado ou mencionado na denúncia, contradizendo a resposta prévia do acusado ou, convencendo-se dos argumentos apresentados pela defesa, pedirá ao juiz a absolvição sumária do acusado que acabou de denunciar.

Por este motivo, espera-se do representante do *Parquet* atenção redobrada ao denunciar o acusado, pois terá que confrontar, o que não fazia antes, os argumentos da defesa e até a juntada de provas documentais.

Como era	Como ficou
Sem similar.	Art. 410. O juiz determinará a inquirição das testemunhas e a realização das diligências requeridas pelas partes, no prazo máximo de 10 (dez) dias.

✵ **O que mudou**

A defesa preliminar poderá ser constituída de depoimentos de testemunhas.

Poderá, também, estar amparada pela realização de diligências capazes de, no prazo máximo de 10 dias, provar o alegado pelo réu em seus argumentos defensivos, antes da audiência de instrução e julgamento.

Como era	Como ficou
Art. 406. § 1º Se houver querelante, terá este vista do processo, antes do Ministério Público, por igual prazo, e, havendo assistente, o prazo lhe correrá conjuntamente com o do Ministério Público. Art. 407. Decorridos os prazos de que trata o artigo anterior, os autos serão enviados, dentro de 48 (quarenta e oito) horas, ao presidente do Tribunal do Júri, que poderá ordenar as diligências necessárias para sanar qualquer nulidade ou suprir falta que prejudique o esclarecimento da verdade inclusive inquirição de testemunhas (art. 209), e proferirá sentença, na forma dos artigos seguintes.	Art. 411. Na audiência de instrução, proceder-se-á à tomada de declarações do ofendido, se possível, à inquirição das testemunhas arroladas pela acusação e pela defesa, nesta ordem, bem como aos esclarecimentos dos peritos, às acareações e ao reconhecimento de pessoas e coisas, interrogando-se, em seguida, o acusado e procedendo-se o debate. § 1º Os esclarecimentos dos peritos dependerão de prévio requerimento e de deferimento pelo juiz. § 2º As provas serão produzidas em uma só audiência, podendo o juiz indeferir as consideradas irrelevantes, impertinentes ou protelatórias. § 3º Encerrada a instrução probatória, observar-se-á, se for o caso, o disposto no art. 384 deste Código. § 4º As alegações serão orais, concedendo-se a palavra, respectivamente, à acusação e à defesa, pelo prazo de 20 (vinte) minutos, prorrogáveis por mais 10 (dez). § 5º Havendo mais de 1 (um) acusado, o tempo previsto para a acusação e a defesa de cada um deles será individual. § 6º Ao assistente do Ministério Público, após a manifestação deste, serão concedidos 10 (dez) minutos, prorrogando-se por igual período o tempo de manifestação da defesa. § 7º Nenhum ato será adiado, salvo quando imprescindível à prova faltante, determinando o juiz a condução coercitiva de quem deva comparecer.

Como era	Como ficou
	§ 8º A testemunha que comparecer será inquirida, independentemente da suspensão da audiência, observada em qualquer caso a ordem estabelecida no *caput* deste artigo. § 9º Encerrados os debates, o juiz proferirá a sua decisão, ou o fará em 10 (dez) dias, ordenando que os autos para isso lhe sejam conclusos.

✳ **O que mudou**

Na Parte I deste livro, apresentamos a você leitor a "super audiência". Uma audiência de instrução e julgamento que concentra desde a oitiva do ofendido até a sentença. Pasmem: tudo num único dia.

Conhecendo a prática forense, será muito difícil acontecer alguma delas. O rol de atos processuais a serem praticados no mesmo dia é muito grande para poucas horas de trabalho.

Abaixo o leitor terá uma visão global de tudo o que a lei espera da "super audiência":

1) oitiva do ofendido;

2) inquirição das testemunhas de acusação: no máximo 8;

3) inquirição das testemunhas de defesa: no máximo 8;

4) esclarecimentos dos peritos;

5) acareações;

6) reconhecimento de pessoas;

7) reconhecimento de coisas;

8) interrogatório do acusado;

9) alegações finais orais: 20 minutos para a acusação e 20 minutos para a defesa, prorrogáveis, para ambos, por mais 10.

10) havendo assistente de acusação, este falará por 10 minutos depois do representante do MP, acrescendo igual tempo para a defesa.

11) há, ainda, a previsão do juiz proferir a sentença na hora.

Funcionando como uma norma programática fora da Constituição, a nova redação do art. 411 buscou atender a celeridade na apuração dos fatos para que a primeira fase do júri encerre no novo prazo legal de 90 dias (art. 412).

Os parágrafos têm redação idêntica aos do art. 400, para onde remetemos o leitor.

Como era	Como ficou
Sem similar.	Art. 412. O procedimento será concluído no prazo máximo de 90 (noventa) dias.

※ **O que mudou**

Outra norma que dificilmente será cumprida.

Não acreditamos na efetivação da concentração de toda a instrução de um crime doloso contra a vida na "super audiência". Teremos duas, três, quatro, tantas quantas forem necessárias para alimentar o processo com todas as informações possíveis a respeito do fato narrado pela acusação.

Desta forma, imaginem uma "super audiência" por dia.

Para qual data uma audiência desta magnitude será marcada? Para antes dos 90 dias? Impossível.

O Estado não está aparelhado para isso. Não tem recursos humanos disponíveis para atender a essa demanda ou a essa expectativa normativa.

Importante: e o que acontecerá se um prazo de 90 dias previsto na lei não for cumprido?

Numa previsão não muito hipotética, já é possível vislumbrar o que poderá acontecer.

Ora, se o acusado tem o direito líquido e certo de ver a instrução encerrada em 90 dias e ela não se encerrar nesse prazo por motivos alheios à sua vontade, não restará outra alternativa ao Poder Judiciário: deve colocar o réu para responder o processo em liberdade. Este quadro absurdo criado dará margem à uma enxurrada de *habeas corpus* por excesso de prazo e obrigará o STF a valer-se de uma súmula vinculante para pacificar a situação.

Toda a questão irá girar em torno da validade do prazo da lei ou da duração razoável do processo. Pensamos que a lei não tem força e nem legitimidade para mitigar um princípio constitucional com o da duração razoável, previsto no art. 5.º, LXXVIII, da CF.

Entretanto, o acusado não pode ser penalizado por atrasos a que não deu causa, por culpa exclusiva da acusação ou da falta de estrutura do Estado. Nestas hipóteses, deve ser colocado liminarmente em liberdade por excesso de prazo.

Atente-se para essa complexa disputa judicial sobre o excesso de prazo para a realização das "super audiências" do rito ordinário, sumário e especial.

Como era	Como ficou
Art. 408. Se o juiz se convencer da existência do crime e de indícios de que o réu seja o seu autor, pronunciá-lo-á, dando os motivos do seu convencimento. § 1º Na sentença de pronúncia o juiz declarará o dispositivo legal em cuja sanção julgar incurso o réu, recomendá-lo-á na prisão em que se achar, ou expedirá as ordens necessárias para sua captura. § 3º Se o crime for afiançável, será, desde logo, arbitrado o valor da fiança, que constará do mandado de prisão. § 2º Se o réu for primário e de bons antecedentes, poderá o juiz deixar de decretar-lhe a prisão ou revogá-la, caso já se encontre preso.	Seção II Da Pronúncia, da Impronúncia e da Absolvição Sumária Art. 413. O juiz, fundamentadamente, pronunciará o acusado, se convencido da materialidade do fato e da existência de indícios suficientes de autoria ou de participação. § 1º A fundamentação da pronúncia limitar-se-á à indicação da materialidade do fato e da existência de indícios suficientes de autoria ou de participação, devendo o juiz declarar o dispositivo legal em que julgar incurso o acusado e especificar as circunstâncias qualificadoras e as causas de aumento de pena. § 2º Se o crime for afiançável, o juiz arbitrará o valor da fiança para a concessão ou manutenção da liberdade provisória. § 3º O juiz decidirá, motivadamente, no caso de manutenção, revogação ou substituição da prisão ou medida restritiva de liberdade anteriormente decretada e, tratando-se de acusado solto, sobre a necessidade da decretação da prisão ou imposição de quaisquer das medidas previstas no Título IX do Livro I deste Código.

※ **O que mudou**

A Seção II cuida da pronúncia, da impronúncia e da absolvição sumária.

Após a instrução, os autos são conclusos para o juiz (desde que não tenha optado por proferir seu julgamento no dia da audiência) que proferirá a sua decisão.

Antes da reforma, havia 4 opções de decisão para o juiz:

a) pronunciava o réu;

b) impronunciava o réu;

c) absolvia sumariamente o acusado;

d) desclassificava a infração penal.

No título desta seção, identificamos a ausência da decisão de desclassificação. Não que ela não esteja prevista, como será demonstrado no art. 419 do CPP.

A intenção foi separar uma decisão que simplesmente remete a ação penal para outro juízo competente das três decisões que analisam o mérito da acusação e podem absolver o réu, impronunciá-lo ou mandá-lo a julgamento pelo Conselho de Sentença.

O § 1º especifica quando o réu será pronunciado e o que deve conter essa decisão. Reza o artigo: *"limitar-se-á à indicação da materialidade do fato e da existência de indícios suficientes de autoria ou de participação, devendo o juiz declarar o dispositivo legal em que julgar incurso o acusado e especificar as circunstâncias qualificadoras e as causas de aumento de pena"*.

Como regra, sem a materialidade do fato e de indícios suficientes de autoria, nem denunciado o réu poderia ter sido. Mantidos os elementos da denúncia ou queixa e não tendo sido fortes o suficiente os argumentos apresentados na defesa preliminar, nem as provas produzidas da audiência, o juiz pronunciará o réu, encerrando a primeira fase do *judicium accusationis*.

Continua a valer a preocupação com o não ingresso do juiz no mérito da causa, sob pena de influenciar negativamente os jurados em suas opiniões, palavras e votos.

Como novidade trazida pela lei, o juiz deve se referir às causas de aumento de pena. Essa regra não deve ser vista com bons olhos, pois, em nossa opinião, há uma usurpação de parcela da competência dos jurados, que deveriam decidir se a causa incide ou não no caso concreto via quesitação. Veremos que a acusação estará vinculada, em Plenário, aos limites traçados pela decisão de pronúncia.

Desaparece a prisão obrigatória decorrente da sentença de pronúncia. A liberdade continua sendo a regra geral e só poderá ser quebrada com base nos requisitos da prisão preventiva (art. 312 do CPP) e no critério da necessidade e utilidade da custódia. Prender por prender é coisa de inquisidor despótico, um desrespeito à nova ordem jurídica constitucional em que vivemos.

Como era	Como ficou
Art. 409. Se não se convencer da existência do crime ou de indício suficiente de que seja o réu o seu autor, o juiz julgará improcedente a denúncia ou a queixa. *(V. arts. 555, 581, IV, 584, § 1º, e 779, CPP.)* Parágrafo único. Enquanto não extinta a punibilidade, poderá, em qualquer tempo, ser instaurado processo contra o réu, se houver novas provas.	Art. 414. Não se convencendo da materialidade do fato ou da existência de indícios suficientes de autoria ou de participação, o juiz, fundamentadamente, impronunciará o acusado. Parágrafo único. Enquanto não ocorrer a extinção da punibilidade, poderá ser formulada nova denúncia ou queixa se houver prova nova.

※ O que mudou

O juiz, se não ficar convencido a respeito da materialidade do fato ou (partícula alternativa) da existência de indícios suficientes para pronunciar o réu, deverá impronunciá-lo.

Isso não significa que o réu foi absolvido. Isso também não significa que ele irá ser submetido ao crivo do Conselho de Sentença. Então, o que significa, para o acusado, ser impronunciado?

Imaginem o cliente perguntando para o advogado: e aí doutor? Sou inocente ou culpado? O advogado sabendo da impronúncia de seu cliente responde: nem uma coisa nem outra. Você continua inocente até que se prove o contrário. Mas não se preocupe. Eles não poderão ficar procurando provas para sempre. O poder dever de punir do Estado tem prazo certo e determinado.

A impronúncia é vantajosa para o réu pois não o submete ao Tribunal do júri. Mas traz a desvantagem da não absolvição e de uma situação de espera que não se coaduna com o Estado Democrático de Direito.

O melhor teria sido o legislador ficar entre a absolvição sumária e a pronúncia, respeitando a liberdade e a competência dos jurados. Perdeu grande oportunidade de eliminar essa figura híbrida e incerta do sistema criminal.

A decisão de impronúncia faz apenas coisa julgada formal, pois pode ser revista se novas provas forem descobertas; e impede o julgamento, pelo Conselho de Sentença, das infrações conexas. Os jurados só serão competentes para julgá-las se a desclassificação se der na fase dos quesitos.

Como era	Como ficou
Art. 411. O juiz absolverá desde logo o réu, quando se convencer da existência de circunstância que exclua o crime ou isente de pena o réu (arts. 17, 18, 19, 22 e 24, § 1º, do Código Penal), recorrendo, de ofício, da sua decisão. Este recurso terá efeito suspensivo e será sempre para o Tribunal de Apelação.	Art. 415. O juiz, fundamentadamente, absolverá desde logo o acusado, quando: I – provada a inexistência do fato; II – provado não ser ele autor ou partícipe do fato; III – o fato não constituir infração penal; IV – demonstrada causa de isenção de pena ou de exclusão do crime. Parágrafo único. Não se aplica o disposto no inciso IV do *caput* deste artigo ao caso de inimputabilidade prevista no *caput* do art. 26 do Decreto-Lei 2.848, de 7 de dezembro de 1940 – Código Penal, salvo quando esta for a única tese defensiva.

✳ **O que mudou**

A absolvição sumária sempre foi vista com bons olhos pelos que militam na área criminal. A defesa porque conseguia encerrar as acusações contra seu cliente sem precisar submetê-lo ao Plenário. A acusação porque não precisará desgastar-se para não conseguir um resultado satisfatório na fase subseqüente.

A absolvição sumária privilegia os princípios constitucionais da dignidade humana e da duração razoável do processo.

A dignidade humana prevalece pois, em casos onde exista manifesta presença de excludentes de tipicidade, de ilicitude, de culpabilidade ou de punibilidade, o Estado não tem o direito nem o dever de submeter um ser humano às agruras de um processo criminal.

E privilegia a duração razoável do processo pois, antes da reforma, não havia razoabilidade em se ter que aguardar todo o trâmite processual para, somente no final, após as diligências e alegações finais, no momento da prolação da decisão, absolver o réu, por exemplo, pela atipicidade do fato.

Desta forma, com o novo rito processual, o réu na fase do 396-A poderá alegar qualquer das excludentes mencionadas e, se bem demonstrada, surge para o juiz a opção de encerrar o processo absolvendo o acusado de forma sumária, ou seja, antes da produção do acervo probatório na "super audiência" de instrução e julgamento (art. 400 do CPP).

Essa opção, antes da reforma, ficava na seara do *habeas corpus*, onde os advogados pediam o trancamento da ação penal por falta de justa causa para a sua continuação. Obviamente, a utilização do *writ* constitucional não será deixada de lado porque surgiu, no ordenamento jurídico, a fase do 397. Certamente esta fase será utilizada pela defesa e, negado o pedido de absolvição sumária pelo magistrado, este tornar-se-á a autoridade coatora de eventual ação constitucional.

Os incisos do art. 397 assim subdividem as excludentes que podem ser alegadas pela defesa:

a) Excludente de ilicitude (inciso I) – a conduta do acusado, apesar de ser típica (conduta dolosa ou culposa, omissiva ou comissiva, com nexo de causalidade objetivo (imputação objetiva) e subjetivo e resultado jurídico nos crimes materiais, não é antijurídica (ou ilícita) pois está amparada por alguma excludente de ilicitude, previstas no art. 23 do Código Penal.

b) Excludente de culpabilidade (inciso II) – erro de proibição, coação moral irresistível, obediência hierárquica, são hipóteses de excludentes de culpabilidade. Com base na existência de alguma dessas circunstâncias, o réu poderá pleitear a sua absolvição sumária.

O inciso II faz uma ressalva: salvo nos casos de inimputabilidade. E assim o faz por razões sistemáticas. O réu inimputável será submetido a medida de segurança, a chamada absolvição imprópria. Se a inimputabilidade for decorrente da idade do agente (menoridade), o processo deve ser encaminhado ao Ministério Público da Infância e da Adolescência para a tomada das medidas cabíveis com base no Estatuto da Criança e do Adolescente (Lei 8.069/1990).

c) Excludente de tipicidade (inciso III) – para entendermos o inciso III urge seja feita uma brevíssima exposição a respeito da teoria do delito.

Defendemos a teoria tripartida do delito nos seguintes termos: delito é um fato típico, antijurídico e culpável. Preenchidos os três elementos, surge para o Estado a punibilidade, ou seja, o dever de punir. A antijuridicidade e culpabilidade já forma explicadas nos respectivos incisos (I e II). Resta agora falarmos da tipicidade.

O fato será típico se o agente praticar uma conduta previamente prevista em lei comissiva (ação) ou omissiva, dolosa ou culposa (quando prevista taxativamente em lei), criando um risco não permitido e lei e um resultado jurídico decorrente deste risco proibido (imputação objetiva). O resultado jurídico somente será importante para o direito penal se, e somente se, o bem jurídico-penal for atingido de forma relevante (princípio da ofensividade).

Faltando qualquer desses elementos o fato será *atípico* e assim, com base no inciso III do novo art. 397, o réu deverá ser absolvido sumariamente.

d) Excludente de punibilidade (inciso IV) – as causas extintivas da punibilidade estão previstas no art. 107 do Código Penal.

Não nos esqueçamos das chamadas causas supra legais de exclusão de ilicitude, como a adequação social; e de culpabilidade, como a inexigibilidade de conduta diversa. Perfeitamente compatíveis com a decisão que absolve sumariamente o réu.

Como era	Como ficou
Sem similar.	Art. 416. Contra a sentença de impronúncia ou de absolvição sumária caberá apelação.

※ **O que mudou**

A nova redação trazida pelo art. 416 trouxe uma importante inovação.

Agora, contra a decisão que impronunciar ou absolver sumariamente o réu não cabe mais recurso em sentido estrito. Essas decisões serão atacáveis por apelação. O art. 4º da Lei 11.689/2008 revogou o inc. VI do art. 581, que previa o cabimento do recurso em sentido estrito para os casos de absolvição sumária, e trouxe nova redação ao inc. IV, excluindo a decisão que impronunciou o réu do rol do 581 do CPP.

Tirando o RESE (como é conhecido o recurso em sentido estrito) de cena, sai com ele a possibilidade do juízo de retratação, não previsto para o recurso de apelação. Assim, não há mais a possibilidade de o juiz voltar atrás no que decidiu, restando-lhe, apenas, fazer o primeiro juízo de admissibilidade recursal da apelação para constatar se os pressupostos processuais foram adimplidos.

A apelação é o recurso cabível contra as decisões definitivas, ou com força de definitivas, que põem fim ao processo, condenando ou absolvendo (art. 593, I e II do CPP).

A decisão que absolve sumariamente o réu é definitiva e, portanto, compatível com o recurso de apelação.

Já a decisão de impronúncia não condena e nem absolve. Coloca o réu em uma ingrata espera, aguardando a extinção da punibilidade (hipóteses do art. 107 do CP) para deixar de figurar no processo. A decisão de impronúncia não é definitiva e nem possui força de definitiva. Por isso entendemos que a sua vinculação ao recurso de apelação foi equivocada.

Defendemos a total extinção do instituto da impronúncia, distribuindo as hipóteses de seu cabimento entre a absolvição sumária e a pronúncia.

Como era	Como ficou
Art. 408. § 5º Se dos autos constarem elementos de culpabilidade de outros indivíduos não compreendidos na queixa ou na denúncia, o juiz, ao proferir a decisão de pronúncia ou impronúncia, ordenará que os autos voltem ao Ministério Público, para aditamento da peça inicial do processo e demais diligências do sumário.	Art. 417. Se houver indícios de autoria ou de participação de outras pessoas não incluídas na acusação, o juiz, ao pronunciar ou impronunciar o acusado, determinará o retorno dos autos ao Ministério Público, por 15 (quinze) dias, aplicável, no que couber, o art. 80 deste Código.

✳ **O que mudou**

Se no momento do juiz prolatar a decisão de pronúncia ou de impronúncia, surgirem indícios de autoria ou participação de outros agentes, relacionados ao mesmo fato, ele deve remeter o processo ao Ministério Público que terá 15 dias para incluir ou não outros sujeitos no processo.

Não existe determinação judicial nesse sentido, já que a titularidade da ação é exclusiva do representante do *Parquet*, que poderá discordar da opinião do juiz e devolver o processo para que seja dado seguimento aos trabalhos, nos casos em que o réu já tiver sido pronunciado.

Se o promotor se convencer da existência de outros autores e/ou partícipes, fará nova denúncia incluindo os demais agentes.

Existe uma ressalva feita ao art. 80 do CPP. Reza esse artigo: "Art. 80. Será facultativa a separação dos processos quando as infrações tiverem sido praticadas em circunstâncias de tempo ou de lugar diferentes, ou, quando pelo excessivo número de acusados e para não lhes prolongar a prisão provisória, ou por outro motivo relevante, o juiz reputar conveniente a separação."

Trata-se de uma faculdade do juiz. Ele é quem decide pela separação dos processos. Essa decisão será motivada e deve respeitar os princípios processuais penais, em especial o da utilidade do processo, da duração razoável do processo e da ampla defesa, que, no júri, plasma-se na plenitude da defesa.

Como era	Como ficou
Art. 408. § 4º O juiz não ficará adstrito à classificação do crime, feita na queixa ou denúncia, embora fique o réu sujeito à pena mais grave, atendido, se for o caso, o disposto no art. 410 e seu parágrafo.	Art. 418. O juiz poderá dar ao fato definição jurídica diversa da constante da acusação, embora o acusado fique sujeito a pena mais grave.

※ **O que mudou**

Trata-se do já conhecido instituto da *emendatio libelli*.

Neste caso, os fatos narrados na denúncia ou queixa permanecem intactos, alterando-se, apenas, a definição jurídica (ou seja, o artigo utilizado pelo representante do Ministério Público ou querelante para denunciar o acusado).

Exemplificando, "A" desferiu dois socos em "B". Se o juiz, após 30 dias, verificar que a lesão resultou ao ofendido a incapacidade para suas ocupações habituais, modificará a classificação jurídica daquele mesmo fato de lesão corporal leve para lesão corporal de natureza grave, aumentando a pena prevista em abstrato (detenção de 3 meses a 1 ano para reclusão de 2 a 8 anos) utilizando o mecanismo da *emendatio libelli*, ou seja, sem baixar os autos para a defesa se manifestar.

Afirma-se, de forma quase uníssona na doutrina processual penal, que o réu se defende dos fatos descritos na denúncia ou queixa, e não da capitulação jurídica que lhe é atribuída na peça inicial acusatória.

Discordamos de forma enfática dessa afirmação.

As teses da defesa variam, sim, conforme a capitulação jurídica presente na acusação. Para auxiliar vamos exemplificar: imagine um agente delitivo ser denunciado por porte de drogas para uso próprio (art. 28 da Lei 11.343/2006). Não aceita os benefícios da Lei 9.099/1995 e, no momento do magistrado lavrar sua decisão, valendo-se do que diz o art. 383 do CPP, atribui definição jurídica diversa daquela presente na denúncia, alterando a capitulação para o art. 33 da Lei de Drogas, que cuida do tipo penal do tráfico de drogas. Para quem milita na área das ciências criminais, fica evidente o prejuízo criado por força desta modificação, já que uma das teses de defesa para o tráfico de drogas é discutir a quantidade apreendida, o que restou prejudicado no caso da condução da defesa pelo porte para uso próprio.

Este é apenas um dos exemplos para escancarar essa aparente legitimidade propagada de boca em boca, de artigo em artigo, de livro em livro, enaltecendo a regra e apoiando-a na máxima da defesa dos fatos, e não do direito. Situação que se mostra frágil quando levada para o campo exemplificativo dos fatos, afastando-se, de forma irônica e inversa, do campo exclusivamente abstrato.

As novidades trazidas pela reforma encontram-se nos §§ 1º e 2º do art. 383 do CPP.

O § 1º do art. 383 traz regra de aplicação da suspensão do processo quando cabível após a nova definição jurídica. Invertendo o exemplo dado, não cabe a suspensão do processo para o traficante, mas cabe, em tese, para o acusado de porte para uso próprio.

O § 2º do art. 383 cuida do deslocamento da competência pela alteração da definição jurídica dada ao fato. É o caso, por exemplo, do juiz que pode alterar a classificação do crime de lesão corporal seguida de morte para homicídio doloso e remeter o processo para o juízo constitucionalmente competente, no caso, o Tribunal do Júri.

Como era	Como ficou
Art. 410. Quando o juiz se convencer, em discordância com a denúncia ou queixa, da existência de crime diverso dos referidos no art. 74, § 1º, e não for o competente para julgá-lo, remeterá o processo ao juiz que o seja. Em qualquer caso, será reaberto ao acusado prazo para defesa e indicação de testemunhas, prosseguindo-se, depois de encerrada a inquirição, de acordo com os arts. 499 e ss. Não se admitirá, entretanto, que sejam arroladas testemunhas já anteriormente ouvidas. Parágrafo único. Tendo o processo de ser remetido a outro juízo, à disposição deste passará o réu, se estiver preso.	Art. 419. Quando o juiz se convencer, em discordância com a acusação, da existência de crime diverso dos referidos no § 1º do art. 74 deste Código e não for competente para o julgamento, remeterá os autos ao juiz que o seja. Parágrafo único. Remetidos os autos do processo a outro juiz, à disposição deste ficará o acusado preso.

※ **O que mudou**

Uma das quatro hipóteses de decisão do juiz no final do *judicium accusationis*, ao lado da pronúncia, da impronúncia e da absolvição sumária, é a desclassificação.

Antes da reforma a regra estava prevista no art. 410 do CPP.

Quando chegamos nesta fase, não podemos esquecer que já tivemos a denúncia capitulando a conduta do agente como dolosa contra vida; já tivemos o recebimento da denúncia pelo juiz concordando, naquele momento, com a prática de crime doloso contra a vida; depois tivemos a realização da audiência de instrução com a produção de farto acervo probatório, diligências e debates orais.

São justamente as provas produzidas sob o crivo do contraditório que permitiram ao juiz descobrir que não houve crime doloso contra a vida. Se não houve crime doloso contra a vida, o juiz do júri deixa de ser competente para julgar o caso concreto. Desta forma, deve remeter o processo para que o crime seja apurado pelo juiz que detém competência para tanto.

Esse ato jurisdicional de remeter o processo para o juízo competente, retirando-o da esfera de competência do tribunal do júri chama-se decisão de desclassificação.

Importante lembrar que da decisão de desclassificação não cabe recurso. É uma decisão exclusiva do juiz. Caso o juiz que receba o processo discorde da opinião do outro juiz que desclassificou a infração dolosa contra a vida, o Tribunal decidirá quem será competente para julgar aquele fato concreto.

Como era	Como ficou
Art. 413. O processo não prosseguirá até que o réu seja intimado da sentença de pronúncia. Parágrafo único. Se houver mais de um réu, somente em relação ao que for intimado prosseguirá o feito. Art. 414. A intimação da sentença de pronúncia, se o crime for inafiançável, será sempre feita ao réu pessoalmente.	Art. 420. A intimação da decisão de pronúncia será feita: I – pessoalmente ao acusado, ao defensor nomeado e ao Ministério Público; II – ao defensor constituído, ao querelante e ao assistente do Ministério Público, na forma do disposto no § 1º do art. 370 deste Código.

Como era	Como ficou
Art. 415. A intimação da sentença de pronúncia, se o crime for afiançável, será feita ao réu: I – pessoalmente, se estiver preso; II – pessoalmente, ou ao defensor por ele constituído, se tiver prestado fiança antes ou depois da sentença; III – ao defensor por ele constituído se, não tendo prestado fiança, expedido o mandado de prisão, não for encontrado e assim o certificar o oficial de justiça; IV – mediante edital, no caso do n. II, se o réu e o defensor não forem encontrados e assim o certificar o oficial de justiça; V – mediante edital, no caso do n. III, se o defensor que o réu houver constituído também não for encontrado e assim o certificar o oficial de justiça; VI – mediante edital, sempre que o réu, não tendo constituído defensor, não for encontrado. § 1º O prazo do edital será de 30 (trinta) dias. § 2º O prazo para recurso correrá após o término do fixado no edital, salvo se antes for feita a intimação por qualquer das outras formas estabelecidas neste artigo.	Parágrafo único. Será intimado por edital o acusado solto que não for encontrado.

* **O que mudou**

Pronunciando o réu, surge a necessidade de tornar pública a decisão. Essa publicidade será efetivada com a intimação da sentença de pronúncia.

O art. 420 do CPP elenca diferentes formas de intimação dessa decisão, variando conforme o sujeito processual.

O réu será pessoalmente intimado. Se ele não for encontrado, resta ao Poder Judiciário citá-lo por edital, nos termos do parágrafo único. Obviamente o réu preso será pessoalmente intimado no local em que se encontre, pois está sob a custódia do Estado. Estando o réu preso, se a intimação se der por edital, ela é absolutamente nula e o ato de intimação deverá ser refeito posteriormente.

O defensor público nomeado e o representante do Ministério Público serão intimados pessoalmente, regra expressa que não permite exceções.

O § 1º do art. 370, mencionado no inciso II do novo art. 420 reza: "§ 1º A intimação do defensor constituído, do advogado do querelante e do assistente far-se-á por publicação no órgão incumbido da publicidade dos atos judiciais da comarca, incluindo, sob pena de nulidade, o nome do acusado."

A remissão nos permite concluir que o advogado constituído, o querelante e o assistente de acusação serão intimados via imprensa oficial.

Em resumo, a preocupação da lei é com a publicidade que deverá revestir a decisão de pronúncia para que seja legítima.

Como era	Como ficou
Art. 416. Passada em julgado a sentença de pronúncia, que especificará todas as circunstâncias qualificativas do crime e somente poderá ser alterada pela verificação superveniente de circunstância que modifique a classificação do delito, o escrivão imediatamente dará vista dos autos ao órgão do Ministério Público, pelo prazo de 5 (cinco) dias, para oferecer o libelo acusatório.	Art. 421. Preclusa a decisão de pronúncia, os autos serão encaminhados ao juiz presidente do Tribunal do Júri. § 1º Ainda que preclusa a decisão de pronúncia, havendo circunstância superveniente que altere a classificação do crime, o juiz ordenará a remessa dos autos ao Ministério Público. § 2º Em seguida, os autos serão conclusos ao juiz para decisão.

O que mudou

A lei fala em preclusão da decisão de pronúncia. Ela quer dizer: transitada em julgado a decisão de pronúncia, não comportando mais recursos e tornando-se imóvel o conteúdo do decidido pelo juiz.

A preclusão da sentença de pronúncia admite certa flexibilização em nome da alteração das circunstâncias fáticas com impacto direto na classificação do delito.

Ocorrendo esta modificação, os autos serão encaminhados ao Ministério Público para alterar a denúncia e, em seguida, seguirá à conclusão para o juiz providenciar a retificação.

Apesar do silêncio da lei, a alteração da classificação do crime reveste-se de muita seriedade. Por isso, defendemos que, após a oitiva do Ministério Público, o juiz deve abrir prazo para a defesa se manifestar antes dos autos seguirem à conclusão final. O silêncio da lei não interfere na regra expressa do contraditório, previsto da Constituição Federal.

Como era	Como ficou
Sem similar.	Seção III Da Preparação do Processo para Julgamento em Plenário Art. 422. Ao receber os autos, o presidente do Tribunal do Júri determinará a intimação do órgão do Ministério Público ou do querelante, no caso de queixa, e do defensor, para, no prazo de 5 (cinco) dias, apresentarem rol de testemunhas que irão depor em plenário, até o máximo de 5 (cinco), oportunidade em que poderão juntar documentos e requerer diligência.

✳ **O que mudou**

Desapareceram do mundo jurídico 2 conhecidos institutos processuais: o libelo e a contrariedade ao libelo.

Ao receber os autos, o juiz presidente do júri intima o Ministério Público e o defensor público, quando for o caso, pessoalmente e, no caso do querelante e do advogado, via imprensa oficial.

A intimação tem como finalidade abrir para a acusação e a defesa a oportunidade de arrolarem, no máximo, 5 testemunhas para serem ouvidas no Plenário do Júri.

Este também é o momento de requerer as diligências necessárias para instruir, da forma mais completa possível, o julgamento em plenário.

Como era	Como ficou
Art. 425. O presidente do Tribunal do Júri, depois de ordenar, de ofício, ou a requerimento das partes, as diligências necessárias para sanar qualquer nulidade ou esclarecer fato que interesse à decisão da causa, marcará dia para o julgamento, determinando sejam intimadas as partes e as testemunhas.	Art. 423. Deliberando sobre os requerimentos de provas a serem produzidas ou exibidas no plenário do júri, e adotadas as providências devidas, o juiz presidente: I – ordenará as diligências necessárias para sanar qualquer nulidade ou esclarecer fato que interesse ao julgamento da causa; II – fará relatório sucinto do processo, determinando sua inclusão em pauta da reunião do Tribunal do Júri.

※ **O que mudou**

O art. 423 do CPP estipula uma fase de saneamento do processo.

O processo não irá para a pauta dos julgamentos sem que todas as pendências sejam sanadas. Compete ao juiz presidente evitar, nesta fase, futuras alegações de nulidades.

Além disso, elaborará relatório sucinto do processo e determinará sua inclusão em pauta.

Processo saneado é processo pronto para ser levado a julgamento no plenário do Júri.

Como era	Como ficou
Art. 425. Parágrafo único. Quando a lei de organização judiciária local não atribuir ao presidente do Tribunal do Júri o preparo dos processos para o julgamento, o juiz competente remeter-lhe-á os processos preparados, até 5 (cinco) dias antes do sorteio a que se refere o art. 427. Deverão também ser remetidos, após esse prazo, os processos que forem sendo preparados até o encerramento da sessão.	Art. 424. Quando a lei local de organização judiciária não atribuir ao presidente do Tribunal do Júri o preparo para julgamento, o juiz competente remeter-lhe-á os autos do processo preparado até 5 (cinco) dias antes do sorteio a que se refere o art. 433 deste Código. Parágrafo único. Deverão ser remetidos, também, os processos preparados até o encerramento da reunião, para a realização de julgamento.

✳ **O que mudou**

Quando houver previsão legal de organização judiciária prevendo dois juízes, um para a primeira fase e outro para a segunda, a regra do art. 424 dá um prazo limite para o envio do processo ao juiz presidente: 5 (cinco) dias antes do sorteio a que se refere o art. 433 deste Código.

Os processos preparados até o encerramento da reunião também deverão ser remetidos para a realização do julgamento em plenário.

Em regra, o mesmo juiz conduz as duas fases do rito do júri: o juízo de acusação e o juízo da causa.

Como era	Como ficou
Art. 439. Anualmente, serão alistados pelo juiz-presidente do júri, sob sua responsabilidade e mediante escolha por conhecimento pessoal ou informação fidedigna, 300 (trezentos) a 500 (quinhentos) jurados no Distrito Federal e nas comarcas de mais de 100.000 (cem mil) habitantes, e 80 (oitenta) a 300 (trezentos) nas comarcas ou nos termos de menor população. O juiz poderá requisitar às autoridades locais, associações de classe, sindicatos profissionais e repartições públicas a indicação de cidadãos que reúnam as condições legais.	Seção IV Do Alistamento dos Jurados Art. 425. Anualmente, serão alistados pelo presidente do Tribunal do Júri de 800 (oitocentos) a 1.500 (um mil e quinhentos) jurados nas comarcas de mais de 1.000.000 (um milhão) de habitantes, de 300 (trezentos) a 700 (setecentos) nas comarcas de mais de 100.000 (cem mil) habitantes e de 80 (oitenta) a 400 (quatrocentos) nas comarcas de menor população. § 1º Nas comarcas onde for necessário, poderá ser aumentado o número de jurados e, ainda, organizada lista de suplentes, depositadas as cédulas em urna especial, com as cautelas mencionadas na parte final do § 3º do art. 426 deste Código. § 2º O juiz presidente requisitará às autoridades locais, associações de classe e de bairro, entidades associativas e culturais, instituições de ensino em geral, universidades, sindicatos, repartições públicas e outros núcleos comunitários a indicação de pessoas que reúnam as condições para exercer a função de jurado.

O que mudou

O número de jurados alistados por ano aumentou significativamente.

Agora, devem ser alistados de 800 a 1.500 jurados nas Comarcas de mais de 1.000.000 de habitantes; de 300 a 700 jurados nas Comarcas de mais de 100.000 habitantes e de 80 a 400 nas Comarcas de menor população.

A infeliz proporcionalidade está relacionada ao número de crimes dolosos contra a vida em grandes centros urbanos. Quanto maior a população, maior o número de julgamentos pelo Tribunal do Júri. Mera questão de compatibilizar a estrutura estatal de juízes leigos com a estatística criminal.

Fazendo uma previsão mais pessimista, o § 1º prevê a possibilidade, quando houver necessidade, do alistamento de um número maior de jurados do que o previsto no *caput*.

O nome e endereço das pessoas que reúnam o mínimo de condições para exercer a função de jurado serão fornecidos pelas autoridades locais, associações de classe e de bairro, entidades associativas e culturais, instituições de ensino em geral, universidades, sindicatos, repartições públicas e outros núcleos comunitários. mediante requisição judicial.

O rol do § 2º é meramente exemplificativo. Compete ao juiz do júri identificar os melhores locais para onde possa remeter sua requisição de alistamento.

Como era	Como ficou
Art. 439. Parágrafo único. A lista geral, publicada em novembro de cada ano, poderá ser alterada de ofício, ou em virtude de reclamação de qualquer do povo, até à publicação definitiva, na segunda quinzena de dezembro, com recurso, dentro de 20 (vinte) dias, para a superior instância, sem efeito suspensivo.	Art. 426. A lista geral dos jurados, com indicação das respectivas profissões, será publicada pela imprensa até o dia 10 de outubro de cada ano e divulgada em editais afixados à porta do Tribunal do Júri. § 1º A lista poderá ser alterada, de ofício ou mediante reclamação de qualquer do povo ao juiz presidente até o dia 10 de novembro, data de sua publicação definitiva.

Como era	Como ficou
	§ 2º Juntamente com a lista, serão transcritos os arts. 436 a 446 deste Código. § 3º Os nomes e endereços dos alistados, em cartões iguais, após serem verificados na presença do Ministério Público, de advogado indicado pela Seção local da Ordem dos Advogados do Brasil e de defensor indicado pelas Defensorias Públicas competentes, permanecerão guardados em urna fechada a chave, sob a responsabilidade do juiz presidente. § 4º O jurado que tiver integrado o Conselho de Sentença nos 12 (doze) meses que antecederem à publicação da lista geral fica dela excluído. § 5º Anualmente, a lista geral de jurados será, obrigatoriamente, completada.

✳ **O que mudou**

Após o alistamento, forma-se a chamada lista geral de jurados. Nela constará o nome e a profissão de cada jurado e será publicada pela imprensa até o dia 10 de outubro de cada ano e divulgada em editais afixados à porta do Tribunal do Júri.

A lei prevê a possibilidade da lista geral ser alterada, de ofício ou mediante reclamação de qualquer do povo até o dia 10 de novembro do ano vigente, data de sua publicação definitiva.

Os nomes e endereços dos alistados permanecerão guardados em urna fechada a chave, sob a responsabilidade do juiz presidente, após serem verificados na presença do Ministério Público, de advogado indicado pela Seção local da Ordem dos Advogados do Brasil e de defensor indicado pelas Defensorias Públicas competentes.

Profissão – jurado: o § 4º trouxe ao ordenamento jurídico regra muito importante. O jurado que tiver efetivamente integrado o Conselho de Sentença nos 12 meses que antecederem à publicação da lista geral fica dela excluído.

Isso encerra a figura dos *jurados de carteirinha*, já conhecidos no Tribunal do Júri de suas comarcas pelas repetidas vezes que atuam. A repetição do jurado, sucessivamente, faz com que não tenha a mesma atenção nos detalhes, que às vezes poderá fazer a diferença entre a condenação e a absolvição. O excesso de confiança e relaxo do jurado não é compatível com a atenção que um julgamento de crime doloso contra a vida requer.

As exclusões por força da integração dos Conselhos de sentença e outras situações fáticas obrigarão o juiz presidente a completar, anualmente, a lista geral de jurados.

Como era	Como ficou
Art. 424. Se o interesse da ordem pública o reclamar, ou houver dúvida sobre a imparcialidade do júri ou sobre a segurança pessoal do réu, o Tribunal de Apelação, a requerimento de qualquer das partes ou mediante representação do juiz, e ouvido sempre o procurador-geral, poderá desaforar o julgamento para comarca ou termo próximo, onde não subsistam aqueles motivos, após informação do juiz, se a medida não tiver sido solicitada, de ofício, por ele próprio.	Seção V Do Desaforamento Art. 427. Se o interesse da ordem pública o reclamar ou houver dúvida sobre a imparcialidade do júri ou a segurança pessoal do acusado, o Tribunal, a requerimento do Ministério Público, do assistente, do querelante ou do acusado ou mediante representação do juiz competente, poderá determinar o desaforamento do julgamento para outra comarca da mesma região, onde não existam aqueles motivos, preferindo-se as mais próximas. § 1º O pedido de desaforamento será distribuído imediatamente e terá preferência de julgamento na Câmara ou Turma competente.

Como era	Como ficou
	§ 2º Sendo relevantes os motivos alegados, o relator poderá determinar, fundamentadamente, a suspensão do julgamento pelo júri. § 3º Será ouvido o juiz presidente, quando a medida não tiver sido por ele solicitada. § 4º Na pendência de recurso contra a decisão de pronúncia ou quando efetivado o julgamento, não se admitirá o pedido de desaforamento, salvo, nesta última hipótese, quanto a fato ocorrido durante ou após a realização de julgamento anulado.

※ **O que mudou**

O art. 427 cuida do desaforamento.

O desaforamento consiste em deslocar o julgamento do júri de uma comarca para outra mais próxima.

As principais regras a respeito deste instituto foram mantidas.

Será solicitado pelas partes ou requisitado pelo juiz. Quem decide é o Tribunal. Destaque para a previsão legal do pedido feito pelo assistente de acusação.

Além do interesse da ordem pública, dúvida sobre a imparcialidade do júri ou falta de segurança pessoal do acusado, surge nova modalidade de desaforamento (art. 428 do CPP).

O pedido de desaforamento terá preferência de julgamento na Câmara ou Turma competente. Sendo relevantes as alegações, o relator poderá, em decisão monocrática e fundamentada, suspender o julgamento pelo júri.

Não se permite pedido de desaforamento se houver pendência de recurso contra a decisão de pronúncia ou quando o julgamento pelo júri já tiver acontecido, salvo nesta última hipótese, quanto a fato ocorrido durante ou após a realização de julgamento anulado.

Como era	Como ficou
Art. 424. Parágrafo único. O Tribunal de Apelação poderá ainda, a requerimento do réu ou do Ministério Público, determinar o desaforamento, se o julgamento não se realizar no período de 1 (um) ano, contado do recebimento do libelo, desde que para a demora não haja concorrido o réu ou a defesa.	Art. 428. O desaforamento também poderá ser determinado, em razão do comprovado excesso de serviço, ouvidos o juiz presidente e a parte contrária, se o julgamento não puder ser realizado no prazo de 6 (seis) meses, contado do trânsito em julgado da decisão de pronúncia. § 1º Para a contagem do prazo referido neste artigo, não se computará o tempo de adiamentos, diligências ou incidentes de interesse da defesa. § 2º Não havendo excesso de serviço ou existência de processos aguardando julgamento em quantidade que ultrapasse a possibilidade de apreciação pelo Tribunal do Júri, nas reuniões periódicas previstas para o exercício, o acusado poderá requerer ao Tribunal que determine a imediata realização do julgamento.

✳   **O que mudou**

O art. 428 do CPP traz nova modalidade de desaforamento: por excesso de serviço.

Ciente da realidade das comarcas, a possibilidade de desaforar julgamentos por excesso de serviço mostra-se inaplicável a longo prazo.

O novo rito do júri, com prazo de 90 dias fixado para encerrar sua primeira fase, dará ensejo a uma pauta muito intensa.

O excesso de serviço será a regra geral na atual estrutura judiciária e não haverá comarca sem excesso de serviço para receber o desaforamento determinado pelo Tribunal.

Dar-se-á o excesso de prazo se o julgamento não puder ser realizado no prazo de 6 (seis) meses, contado do trânsito em julgado da decisão de pronúncia. Para a contagem do prazo referido neste artigo, não se computará o tempo de adiamentos, diligências ou incidentes de interesse da defesa. Vale o princípio geral de Direito: nenhum responsável pela causa pode se valer da conseqüência, em especial quando tratamos da duração razoável do processo.

O § 2º prevê a possibilidade de o acusado requerer ao Tribunal que determine a imediata realização do julgamento. Para qual das centenas de pedidos idênticos o Tribunal dará preferência. Trata-se de mais uma regra que precisará ser adaptada à realidade judiciária nacional.

Como era	Como ficou
Art. 431. Salvo motivo de interesse público que autorize alteração na ordem do julgamento dos processos, terão preferência: I – os réus presos; II – dentre os presos, os mais antigos na prisão; III – em igualdade de condições, os que tiverem sido pronunciados há mais tempo.	Seção VI Da Organização da Pauta Art. 429. Salvo motivo relevante que autorize alteração na ordem dos julgamentos, terão preferência: I – os acusados presos; II – dentre os acusados presos, aqueles que estiverem há mais tempo na prisão; III – em igualdade de condições, os precedentemente pronunciados. § 1º Antes do dia designado para o primeiro julgamento da reunião periódica, será afixada na porta do edifício do Tribunal do Júri a lista dos processos a serem julgados, obedecida a ordem prevista no *caput* deste artigo. § 2º O juiz presidente reservará datas na mesma reunião periódica para a inclusão de processo que tiver o julgamento adiado.

* **O que mudou**

O art. 429 cuida da pauta a ser elaborada pelo juiz presidente. Ele deverá atender as seguintes regras de preferência:

I – os acusados presos;

II – dentre os acusados presos, aqueles que estiverem há mais tempo na prisão;

III – em igualdade de condições, os precedentemente pronunciados.

Segue uma lógica coerente. Em primeiro lugar, entre os réus soltos e os presos, julgar-se-á os presos, em pior situação diária.

Entre os acusados presos, os presos há mais tempo, pois sua situação é ainda pior do que aqueles que perderam sua liberdade de forma cautelar a menos tempo.

Entre os acusados presos, se foram recolhidos em data idêntica, os que foram pronunciados há mais tempo.

O *caput* apresenta uma exceção genérica às regras específicas dos incisos: salvo motivo relevante que autorize alteração na ordem dos julgamentos.

Como era	Como ficou
Art. 447. Parágrafo único. A intervenção do assistente no plenário de julgamento será requerida com antecedência, pelo menos, de 3 (três) dias, salvo se já tiver sido admitido anteriormente.	Art. 430. O assistente somente será admitido se tiver requerido sua habilitação até 5 (cinco) dias antes da data da sessão na qual pretenda atuar.

✳ **O que mudou**

O assistente será admitido se tiver requerido sua habilitação até 5 dias antes da data da sessão na qual pretenda atuar. Caso contrário, não poderá atuar no plenário.

A regra anterior previa 3 dias para a habilitação.

Se estiver no prazo e sua habilitação for indeferida, cabe mandado de segurança.

Como era	Como ficou
Sem similar.	Art. 431. Estando o processo em ordem, o juiz presidente mandará intimar as partes, o ofendido, se for possível, as testemunhas e os peritos, quando houver requerimento, para a sessão de instrução e julgamento, observando, no que couber, o disposto no art. 420 deste Código.

✵ **O que mudou**

Saneado o processo (o juiz tomou todas as providências para extirpar do processo qualquer irregularidade) o juiz presidente mandará intimar as partes, o ofendido, se for possível, as testemunhas e os peritos, quando houver requerimento, para a sessão de instrução e julgamento.

Deve seguir o trâmite da intimação da decisão de pronúncia e obedecer o disposto do art. 420, para onde remetemos o leitor.

Como era	Como ficou
Sem similar.	Seção VII
Do Sorteio e da Convocação dos Jurados
Art. 432. Em seguida à organização da pauta, o juiz presidente determinará a intimação do Ministério Público, da Ordem dos Advogados do Brasil e da Defensoria Pública para acompanharem, em dia e hora designados, o sorteio dos jurados que atuarão na reunião periódica.

✵ **O que mudou**

Organizada a pauta nos termos do art. 429, o juiz intimará pessoalmente o Ministério Público, a Ordem dos Advogados do Brasil e a Defensoria Pública para acompanharem, em dia e hora marcados, o sorteio dos jurados que atuarão na reunião periódica.

Parece-nos desnecessária esta regra. Ela transmite a errônea presunção de que ausentes o Ministério Público, a OAB e a Defensoria, o sorteio poderia ser fraudulento.

Ora, a lisura do sorteio estará garantida pois efetuado pelo sujeito imparcial do processo: o juiz presidente.

Cremos que a ausência das partes intimadas, que já possuem muitas atribuições para ter que se deslocar até o Fórum para constatar um sorteio de cédulas, constitui mera irregularidade.

Não há que se falar em nulidade para anular o sorteio pela ausência das pessoas mencionadas neste artigo. Prova disso é a nova redação do § 2º do art. 433, que reza: *"audiência de sorteio não será adiada pelo não comparecimento das partes"*.

Como era	Como ficou
Art. 428. O sorteio far-se-á a portas abertas, e um menor de 18 (dezoito) anos tirará da urna geral as cédulas com os nomes dos jurados, as quais serão recolhidas a outra urna, ficando a chave respectiva em poder do juiz, o que tudo será reduzido a termo pelo escrivão, em livro a esse fim destinado, com especificação dos 21 (vinte e um) sorteados. Parágrafo único. Em termo que não for sede de comarca, o sorteio poderá realizar-se sob a presidência do juiz do termo.	Art. 433. O sorteio, presidido pelo juiz, far-se-á a portas abertas, cabendo-lhe retirar as cédulas até completar o número de 25 (vinte e cinco) jurados, para a reunião periódica ou extraordinária. § 1º O sorteio será realizado entre o 15º (décimo quinto) e o 10º (décimo) dia útil antecedente à instalação da reunião. § 2º A audiência de sorteio não será adiada pelo não comparecimento das partes. § 3º O jurado não sorteado poderá ter o seu nome novamente incluído para as reuniões futuras.

✳ **O que mudou**

O sorteio será feito pelo juiz. A reforma pôs fim à inútil regra do sorteio realizado por menor de 18 anos (antiga redação do art. 428). Mais uma vez, prestigia-se, tardiamente, a imparcialidade do juiz presidente. Ele não escolhe o nome dos jurados. Sorteio está relacionado com sorte. E sorte não tem idade para diferenciar um sorteio legítimo de outro ilegítimo. Felizmente esta regra saiu do ordenamento.

Serão sorteados, entre o 15º e o 10º dia útil antecedente à sessão já marcada na pauta, 25 jurados para a reunião periódica ou extraordinária.

Como era	Como ficou
Art. 429. Concluído o sorteio, o juiz mandará expedir, desde logo, o edital a que se refere o art. 427, dele constando o dia em que o júri se reunirá e o convite nominal aos ju-	Art. 434. Os jurados sorteados serão convocados pelo correio ou por qualquer outro meio hábil para comparecer no dia e hora designados para a reunião, sob as penas da lei.

Como era	Como ficou
rados sorteados para comparecerem, sob as penas da lei, e determinará também as diligências necessárias para intimação dos jurados, dos réus e das testemunhas. § 1º O edital será afixado à porta do edifício do tribunal e publicado pela imprensa, onde houver. § 2º Entender-se-á feita a intimação quando o oficial de justiça deixar cópia do mandado na residência do jurado não encontrado, salvo se este se achar fora do município.	Parágrafo único. No mesmo expediente de convocação serão transcritos os arts. 436 a 446 deste Código.

* **O que mudou**

A intimação dos jurados sorteados ganhou uma perspectiva mais prática. Havia, no art. 429, uma série de formalidades para intimar os jurados sorteados.

Agora, a preocupação desloca-se da forma da intimação para a sua efetividade.

A lei coloca à disposição do Poder Judiciário uma cláusula aberta: a intimação pode ser feita por qualquer meio hábil. Trata-se de um iniciativa inteligente. Basta que a notícia chegue ao jurado e que o oficial tenha como comprovar que o jurado foi intimado. Sugerimos o envio de e-mail com comprovante de recebimento e um telefonema posterior para a ratificação.

Os serviços de jurado são obrigatórios, salvo escusa devidamente fundamentada e aceita pelo juiz presidente.

A intimação do jurado sorteado segue com o seu nome, o dia e a hora para comparecer perante a Justiça e o local. Além dessas informações primordiais, o jurado também recebe cópia dos arts. 436 a 446, que tratam das funções dos jurados.

Como era	Como ficou
Art. 432. Antes do dia designado para o primeiro julgamento, será afixada na porta do edifício do tribunal, na ordem estabelecida no artigo anterior, a lista dos processos que devam ser julgados.	Art. 435. Serão afixados na porta do edifício do Tribunal do Júri a relação dos jurados convocados, os nomes do acusado e dos procuradores das partes, além do dia, hora e local das sessões de instrução e julgamento.

✳ **O que mudou**

Muitos questionam o motivo pelo qual existe a regra do antigo 432, repetida no art. 435 do CPP.

Qual seria a razão para afixar na porta do Tribunal do Júri a relação dos jurados convocados, os nomes do acusado e dos procuradores das partes, além do dia, hora e local das sessões de instrução e julgamento?

Vislumbramos duas razões para a manutenção desta regra.

A primeira delas está relacionada com o princípio da publicidade. Todos têm o direito de saber quem serão os jurados convocados para a próxima reunião.

A segunda razão consiste na possibilidade das partes, se o quiserem, buscar informações a respeito dos jurados que formarão o Conselho de Sentença para poder bem exercer o seu direito de recusa peremptória ou motivada.

Como era	Como ficou
Art. 434. O serviço do júri será obrigatório. O alistamento compreenderá os cidadãos maiores de 21 (vinte e um) anos, isentos os maiores de 60 (sessenta). Art. 436. Os jurados serão escolhidos dentre cidadãos de notória idoneidade.	Seção VIII Da Função do Jurado Art. 436. O serviço do júri é obrigatório. O alistamento compreenderá os cidadãos maiores de 18 (dezoito) anos de notória idoneidade. § 1º Nenhum cidadão poderá ser excluído dos trabalhos do júri ou deixar

Como era	Como ficou
	de ser alistado em razão de cor ou etnia, raça, credo, sexo, profissão, classe social ou econômica, origem ou grau de instrução. § 2º A recusa injustificada ao serviço do júri acarretará multa no valor de 1 (um) a 10 (dez) salários mínimos, a critério do juiz, de acordo com a condição econômica do jurado.

※ **O que mudou**

A função pública do júri permanece obrigatória. Os convocados deverão comparecer na data marcada e cumprir com a sua obrigação.

As diferenças em relação ao tratamento anterior começam no próprio *caput*. Agora, a idade mínima para ser jurado começa aos 18 anos completos. Acompanhando a plena capacidade prevista no Código Civil, que mudou, em 2002 de 21 para 18 anos, com o serviço do júri não foi diferente. A idade mínima de 21 anos caiu para 18.

Além da idade mínima, o art. 436 exige notória idoneidade. A lei não explica o que isso significa. Notório é o que dispensa provas em razão de seu conhecimento por todos. De que forma a idoneidade do jurado será notória? A única interpretação possível para isso será ler *notória* como *pública*. A publicidade da idoneidade do jurado será presumida até que se prove o contrário. Fica como sugestão solicitar certidões de antecedentes criminais. Se houver alguma ocorrência, o cidadão não poderá exercer os serviços do júri.

Somos obrigados a discordar das mudanças. O jurado, no exercício de sua função, responde criminalmente como se juiz togado fosse. Assim o é pois exerce função pública jurisdicional. O Tribunal do Júri integra o Poder Judiciário.

Após a Emenda Constitucional 45/2004, qualquer cidadão poderá ingressar na magistratura se for bacharel em Direito e exercer, após o bacharelado, três anos de atividades jurídicas ininterruptas. Assim, preenchidos os requisitos formais da Constituição, não teremos mais juízes com menos de 24 anos. A maturidade e experiência mínima são exigências que o Estado impôs para que um cidadão esteja habilitado a julgar outro.

Sabemos que os jurados não utilizam as regras jurídicas para exarar o seu veredicto. Ele trabalha com fatos, por exemplo, se 'A' efetuou três disparos de arma de fogo em 'B' e se esses disparos foram a causa determinante de sua morte. São apenas fatos. Entretanto, não podemos abrir mão de certa maturidade e senso de responsabilidade. Nem sempre um jovem de 18 anos estará habilitado psicologicamente para ser jurado.

Seguindo esta premissa, o § 1º explica que nenhum cidadão poderá ser excluído dos trabalhos do júri em razão de cor ou etnia, raça, credo, sexo, profissão, classe social ou econômica, origem ou grau de instrução.

Entretanto, deixou em aberto a questão da maturidade. Justamente por ser requisito indispensável à responsabilidade exigida no julgamento de outro semelhante. A idade máxima ampliou os limites de isenção de 60 para 70 anos (art. 437, IX). Mesmo para os que atingirem esse patamar etário, o serviço do júri será facultativo e a dispensa do jurado dependerá de solicitação do interessado.

A recusa injustificada ao serviço do júri acarretará multa no valor de 1 (um) a 10 (dez) salários mínimos, de acordo com a condição econômica do jurado.

Como era	Como ficou
Art. 436. Parágrafo único. São isentos do serviço do júri: I – o Presidente da República e os ministros de Estado; II – os governadores ou interventores de Estados ou Territórios, o prefeito do Distrito Federal e seus respectivos secretários; III – os membros do Parlamento Nacional, do Conselho de Economia	Art. 437. Estão isentos do serviço do júri: I – o Presidente da República e os Ministros de Estado; II – os Governadores e seus respectivos Secretários; III – os membros do Congresso Nacional, das Assembléias Legislativas e das Câmaras Distrital e Municipais; IV – os Prefeitos Municipais;

Como era	Como ficou
Nacional, das Assembléias Legislativas dos Estados e das Câmaras Municipais, enquanto durarem suas reuniões; IV – os prefeitos municipais; V – os magistrados e órgãos do Ministério Público; VI – os serventuários e funcionários da justiça; VII – o chefe, demais autoridades e funcionários da Polícia e Segurança Pública; VIII – os militares em serviço ativo; IX – as mulheres que não exerçam função pública e provem que, em virtude de ocupações domésticas, o serviço do júri lhes é particularmente difícil; X – por 1 (um) ano, mediante requerimento, os que tiverem efetivamente exercido a função de jurado, salvo nos lugares onde tal isenção possa redundar em prejuízo do serviço normal do júri; XI – quando o requererem e o juiz reconhecer a necessidade da dispensa: a) os médicos e os ministros de confissão religiosa; b) os farmacêuticos e as parteiras.	V – os Magistrados e membros do Ministério Público e da Defensoria Pública; VI – os servidores do Poder Judiciário, do Ministério Público e da Defensoria Pública; VII – as autoridades e os servidores da polícia e da segurança pública; VIII – os militares em serviço ativo; IX – os cidadãos maiores de 70 (setenta) anos que requeiram sua dispensa; X – aqueles que o requererem, demonstrando justo impedimento.

※ **O que mudou**

O júri integra o Poder Judiciário e é função jurisdicional, incompatível com populismos eleitorais e interesses políticos. Desta forma, estão isentos do serviço do júri os chefes do Poder Executivo e seus Ministros e Secretários. A lei não isenta os Secretários Municipais, com o que discordamos.

O mesmo raciocínio cabe para o Poder Legislativo. Estão isentos os membros do Congresso Nacional, das Assembléias Legislativas e das Câmaras Municipais e Distrital.

O legislador ainda preservou o funcionamento do serviço público e isentou do serviço do júri alguns de seus agentes: Magistrados, membros do Ministério Público e da Defensoria Pública; os servidores do Poder Judiciário, do Ministério Público e da Defensoria Pública; as autoridades e os servidores da polícia e da segurança pública.

Os militares em serviço ativo também foram dispensados da função de jurado, para a manutenção da segurança nacional. Prova disso, os que não mais estiverem em atividade serão convocados e deverão comparecer.

Os cidadãos com mais de 70 anos que requeiram sua dispensa também receberam isenção legal.

O inc. X traz cláusula aberta: os que requererem, demonstrando justo impedimento. Agiu bem o legislador. Impossível descrever todas as pessoas que, por sua condição profissional, física ou mental, não possam exercer a função de jurado com a serenidade e maturidade que o serviço exige.

Como era	Como ficou
Art. 435. A recusa ao serviço do júri, motivada por convicção religiosa, filosófica ou política, importará a perda dos direitos políticos.	Art. 438. A recusa ao serviço do júri fundada em convicção religiosa, filosófica ou política importará no dever de prestar serviço alternativo, sob pena de suspensão dos direitos políticos, enquanto não prestar o serviço imposto. § 1º Entende-se por serviço alternativo o exercício de atividades de caráter administrativo, assistencial, filantrópico ou mesmo produtivo, no Poder Judiciário, na Defensoria Pública, no Ministério Público ou em entidade conveniada para esses fins. § 2º O juiz fixará o serviço alternativo atendendo aos princípios da proporcionalidade e da razoabilidade.

✳ O que mudou

A regra antiga do art. 435 era inconstitucional. A recusa por convicção religiosa, filosófica ou política, importava, automaticamente, em perda dos direitos políticos.

A regra anterior à CF de 1988 não havia sido recepcionada pela nova ordem constitucional, que prevê o direito de livre escolha religiosa, política ou filosófica.

O novo art. 438 chega compatível com a nova ordem constitucional. Quem não quiser exercer as funções de jurado, terá este direito. Entretanto, no lugar da obrigação de servir o Júri, surgirá o dever de prestar serviço alternativo.

O § 1º conceitua o serviço alternativo para recusa ao serviço do júri. Serviço alternativo será o exercício de atividades de caráter administrativo, assistencial, filantrópico ou mesmo produtivo, no Poder Judiciário, na Defensoria Pública, no Ministério Público ou em entidade conveniada para esses fins.

Atendendo aos critérios da proporcionalidade, sugerimos ao juiz que fixe o prazo do serviço alternativo durante o mesmo período que durar a sessão. Quando os jurados pararem para almoçar, o cidadão que estará prestando o serviço alternativo também o fará. Se ambos forem concomitantes, escusas mentirosas serão mais raras de acontecer.

Deixamos aqui nossa sugestão: colocar quem está prestando serviço alternativo para fazer atendimento ao público, no balcão dos ofícios. Quem sabe com um efetivo maior as filas diminuem?

Como era	Como ficou
Art. 437. O exercício efetivo da função de jurado constituirá serviço público relevante, estabelecerá presunção de idoneidade moral e assegurará prisão especial, em caso de crime comum, até o julgamento definitivo, bem como preferência, em igualdade de condições, nas concorrências públicas.	Art. 439. O exercício efetivo da função de jurado constituirá serviço público relevante, estabelecerá presunção de idoneidade moral e assegurará prisão especial, em caso de crime comum, até o julgamento definitivo.

※ **O que mudou**

O art. 439 fala em exercício da função de jurado. Mas exercício *efetivo*. Ou seja, só terá prestado serviço público relevante, passará a ter presunção de idoneidade moral e terá direito à prisão especial o jurado que efetivamente integrou conselho de sentença. Foi um dos 7 jurados leigos que absolveu ou condenou algum réu por crime doloso contra a vida.

A prisão especial justifica-se, no caso do jurado, por razões de segurança. Mesmo o sigilo das votações não impedirá que possa sofrer represálias no cárcere se já exerceu uma função com poderes para condenar alguém.

Entretanto, o caráter diferenciador da prisão especial tem duração até o trânsito em julgado da sentença penal condenatória. Após o trânsito em julgado, mesmo o jurado efetivo condenado criminalmente será colocado sob a custódia do Estado sem nenhuma ressalva sobre o local onde cumprirá a sua pena.

Como era	Como ficou
Art. 437. O exercício efetivo da função de jurado constituirá serviço público relevante, estabelecerá presunção de idoneidade moral e assegurará prisão especial, em caso de crime comum, até o julgamento definitivo, bem como preferência, em igualdade de condições, nas concorrências públicas.	Art. 440. Constitui também direito do jurado, na condição do art. 439 deste Código, preferência, em igualdade de condições, nas licitações públicas e no provimento, mediante concurso, de cargo ou função pública, bem como nos casos de promoção funcional ou remoção voluntária.

※ **O que mudou**

O art. 440 brinda o ordenamento jurídico com mais uma desigualdade sem lastro constitucional.

De que forma alguém que serviu como jurado poderá atender melhor os interesses públicos numa licitação pelo simples fato de ter integrado, de forma obrigatória, um conselho de sentença por sorteio?

Por que alguém que serviu involuntariamente como jurado (tendo em vista a obrigatoriedade da função) deve levar vantagem, em caso de empate, para desempenhar função pública?

Não há razão para tratar desigualmente os iguais. Isso fere o inciso I do art. 5º da Constituição Federal e, portanto, é regra de discutível constitucionalidade.

Como era	Como ficou
Art. 430. Nenhum desconto será feito nos vencimentos do jurado sorteado que comparecer às sessões do júri.	Art. 441. Nenhum desconto será feito nos vencimentos ou salário do jurado sorteado que comparecer à sessão do júri.

✳ **O que mudou**

Esta previsão normativa mostrava-se desnecessária antes e continua desnecessária. Não havia a possibilidade de desconto nos vencimentos ou salário do jurado sorteado. Nem poderia, tendo em vista a convocação estatal obrigatória e as penas da lei para o jurado faltoso.

Como era	Como ficou
Art. 443. O jurado que, sem causa legítima, não comparecer, incorrerá na multa de cem mil-réis por dia de sessão realizada ou não realizada por falta de número legal até o término da sessão periódica. § 1º O jurado incorrerá em multa pelo simples fato do não-comparecimento, independentemente de ato do presidente ou termo especial. § 3º Incorrerá na multa de trezentos mil-réis o jurado que, tendo comparecido, se retirar antes de dispensado pelo presidente, observado o disposto no § 1º, parte final. Art. 444. As multas em que incorrerem os jurados serão cobradas pela Fazenda Pública, a cujo representan-	Art. 442. Ao jurado que, sem causa legítima, deixar de comparecer no dia marcado para a sessão ou retirar-se antes de ser dispensado pelo presidente será aplicada multa de 1 (um) a 10 (dez) salários mínimos, a critério do juiz, de acordo com a sua condição econômica.

Como era	Como ficou
te o juiz remeterá no prazo de 10 (dez) dias, após o encerramento da sessão periódica, com a relação dos jurados multados, as certidões das atas de que constar o fato, as quais, por ele rubricadas, valerão como título de dívida líquida e certa. Parágrafo único. Sem prejuízo da cobrança imediata das multas, será remetida cópia das certidões à autoridade fiscal competente para a inscrição da dívida.	

※ **O que mudou**

A conseqüência para o jurado que deixa de comparecer, sem motivo justificado valorado pelo juiz presidente, será a aplicação de multa de 1 (um) a 10 (dez) salários mínimos de acordo com a sua condição econômica.

O jurado deve estar atento pois poderá ser processado e condenado pelo crime de desobediência, em caso de ausência dolosa e injustificada.

Se o júri for de competência da justiça estadual, valerá o salário mínimo fixado pelo Estado. Se a competência for da justiça federal para a sessão do júri, a base será o salário mínimo nacional.

Ao ser convocado, o jurado foi avisado de suas obrigações e, caso não possa comparecer no dia, deverá apresentar pedido de dispensa motivado ao juiz presidente. A recusa para atuar como jurado, suas provas e prazo serão tratados no art. 443.

Como era	Como ficou
Art. 443. § 2º Somente serão aceitas as escusas apresentadas até o momento da chamada dos jurados e fundadas em motivo relevante, devidamente comprovado.	Art. 443. Somente será aceita escusa fundada em motivo relevante devidamente comprovado e apresentada, ressalvadas as hipóteses de força maior, até o momento da chamada dos jurados.

Como era	Como ficou
§ 4º Sob pena de responsabilidade, o presidente só relevará as multas em que incorrerem os jurados faltosos, se estes, dentro de 48 (quarenta e oito) horas, após o encerramento da sessão periódica, oferecerem prova de justificado impedimento.	

✻ **O que mudou**

A escusa terá como prazo limite o momento de chamada dos jurados. Passado esse prazo, ou ele integra o conselho ou receberá a multa do art. 442 do CPP. Há uma previsão excepcional para as recusas aceitas posteriormente, quando a sua prévia apresentação não se deu por motivo de força maior (por exemplo, a internação hospitalar do jurado por razões médicas).

A lei fala em motivo relevante, devidamente comprovado. Trata-se de cláusula aberta e discricionária a ser avaliada por cada magistrado. Uma viagem para o exterior previamente paga, uma final de competição esportiva, um trabalho a ser realizado em outra comarca no mesmo dia etc. A mesma escusa poderá ser aceita em um tribunal do júri e em outro não. Tudo dependerá da compreensão do juiz presidente que deverá utilizar a proporcionalidade e ponderação de valores para decidir.

Como era	Como ficou
Sem similar.	Art. 444. O jurado somente será dispensado por decisão motivada do juiz presidente, consignada na ata dos trabalhos.

✻ **O que mudou**

O inc. IX do art. 93 da Constituição Federal determina que todas as decisões judiciais serão motivadas.

Assim, desnecessária a regra que ratifica a obrigatoriedade da fundamentação judicial para a decisão que dispensa o jurado, aceitando sua escusa.

A dispensa deverá constar em ata.

Como era	Como ficou
Art. 438. Os jurados serão responsáveis criminalmente, nos mesmos termos em que o são os juízes de ofício, por concussão, corrupção ou prevaricação.	Art. 445. O jurado, no exercício da função ou a pretexto de exercê-la, será responsável criminalmente nos mesmos termos em que o são os juízes togados.

※ **O que mudou**

O jurado, no exercício de sua função, é considerado agente público. No Código Penal, a classificação é menos técnica do que no Direito Administrativo. O art. 327 do CP reza: "Considera-se funcionário público, para os efeitos penais, quem, embora transitoriamente ou sem remuneração, exerce cargo, emprego ou função pública."

O exercício de função pública, transitoriamente e sem remuneração, coloca o jurado dentro dos limites do conceito de funcionário público dado pela legislação penal.

Preenchida a elementar dos crimes contra a Administração Pública (arts. 312 a 359-H), o jurado poderá, se for o caso, responder criminalmente como se fosse funcionário público. A função pública por ele exercida equipara-se à função jurisdicional exercida pelo juiz togado, nos termos expressos pelo art. 445.

Há uma crítica sistemática a ser feita. Reza o *caput* do artigo em comento: "*no exercício da função ou a pretexto de exercê-la*". Quanto ao exercício da função, corretíssima a lei. Entretanto, pensamos que equiparar o cidadão que ainda não integra o Conselho de Sentença ao juiz togado, foge dos limites materiais da lei.

A expressão *a pretexto de exercê-la* deve ser lida da seguinte forma: o jurado já foi selecionado para o Conselho de Sentença e está aguardando o início da sessão de julgamento. Fora desses casos, não há um efetivo exercício da função de jurado e isso escapa da rigidez penal da regra taxativamente expressa no art. 327 do CP: *exerce função pública*. Desta forma, será inconstitucional equiparar o jurado ainda não escolhido entre os 7 como se juiz togado fosse.

Apenas para ilustrar a diferença, o jurado que consta da lista geral e o que consta da urna especial dos 25, não tem direito à prisão especial, salvo se já tiver *efetivamente* integrado Conselho de Sentença em sessão de julgamento pelo Tribunal do Júri.

Como era	Como ficou
Art. 446. Aos suplentes são aplicáveis os dispositivos referentes às dispensas, faltas, escusas e multas.	Art. 446. Aos suplentes, quando convocados, serão aplicáveis os dispositivos referentes às dispensas, faltas e escusas e à equiparação de responsabilidade penal prevista no art. 445 deste Código.

✳ **O que mudou**

Esta regra era totalmente inútil e foi mantida.

Jurado suplente é jurado.

Assim, tendo uma função com a natureza jurídica idêntica à do jurado não suplente, obviamente a ele serão aplicadas as regras referentes às dispensas, faltas, escusas e à equiparação de responsabilidade criminal como se juízes togados fossem, respondendo, inclusive, por eventual crime contra a Administração Pública.

Como era	Como ficou
Art. 433. O Tribunal do Júri compõe-se de um juiz de direito, que é o seu presidente, e de vinte e um jurados que se sortearão dentre os alistados, sete dos quais constituirão o conselho de sentença em cada sessão de julgamento.	Seção IX Da Composição do Tribunal do Júri e da Formação do Conselho de Sentença Art. 447. O Tribunal do Júri é composto por 1 (um) juiz togado, seu presidente e por 25 (vinte e cinco) jurados que serão sorteados dentre os alistados, 7 (sete) dos quais constituirão o Conselho de Sentença em cada sessão de julgamento.

✳ **O que mudou**

O número de jurados sorteados por sessão de julgamento subiu de 21 para 25. O aumento é de grande valia, levando em consideração os faltantes, as recusas imotivadas e as motivadas, o risco do estouro de urna (quando sobram seis ou menos cédulas de jurados para compor o Conselho) diminui.

Temos a lista anual de jurados com as cédulas em uma urna. Os jurados sorteados com seus nomes em outra urna e os jurados suplentes sorteados com seus nomes numa terceira urna.

O Tribunal do Júri é composto por 1 juiz togado e por 25 jurados, dentre os quais sete irão compor o Conselho de Sentença em cada sessão de julgamento. O restante, não sorteado ou recusado, receberá a certidão de que esteve no Fórum no dia designado e que não foi selecionado para integrar a sessão de julgamento.

Como era	Como ficou
Art. 462. São impedidos de servir no mesmo conselho marido e mulher, ascendentes e descendentes, sogro e genro ou nora, irmãos, cunhados, durante o cunhadio, tio e sobrinho, padrasto ou madrasta e enteado.	Art. 448. São impedidos de servir no mesmo Conselho: I – marido e mulher; II – ascendente e descendente; III – sogro e genro ou nora; IV – irmãos e cunhados, durante o cunhadio; V – tio e sobrinho; VI – padrasto, madrasta ou enteado. § 1º O mesmo impedimento ocorrerá em relação às pessoas que mantenham união estável reconhecida como entidade familiar. § 2º Aplicar-se-á aos jurados o disposto sobre os impedimentos, a suspeição e as incompatibilidades dos juízes togados.

✳ **O que mudou**

Trata-se de uma regra, no mínimo, questionável.

Não vemos óbice em ter, no mesmo conselho de sentença, marido e mulher, companheiro e companheira, ascendente e descendente, sogro e genro ou nora, irmãos e cunhados, tios e sobrinhos, padrastos e madrastas e enteados.

A votação é sigilosa e os jurados se submetem ao juramento e à incomunicabilidade.

Logo, cada um votará com a sua consciência, independente de seus laços sangüíneos.

Uma situação é uma relação de parentesco entre o juiz e as partes. Outra bem diferente é o parentesco entre jurados. O julgamento só seria, em tese, afetado, nos casos de suspeição e impedimento vertical, ou seja, entre quem decide e quem busca uma decisão.

No caso deste art. 448, a suspeição e impedimento, se é que podemos afirmar isso, é horizontal, ou seja, quem decide contra quem decide. Desta forma, não concordamos com a regra do § 2º deste artigo.

Repetimos, respeitadas as regras do júri como a incomunicabilidade dos jurados e o sigilo das votações, a imparcialidade do julgamento estará assegurada. Qualquer manifestação anterior ao julgamento, entre parentes, será confrontada com as provas documentais, periciais e testemunhais, além da oitiva do ofendido, quando possível, o interrogatório do réu e os debates orais.

Como era	Como ficou
Sem similar.	Art. 449. Não poderá servir o jurado que: I – tiver funcionado em julgamento anterior do mesmo processo, independentemente da causa determinante do julgamento posterior; II – no caso do concurso de pessoas, houver integrado o Conselho de Sentença que julgou o outro acusado; III – tiver manifestado prévia disposição para condenar ou absolver o acusado.

✳ **O que mudou**

Além dos impedimentos decorrentes de parentesco, o art. 449 traz outras hipóteses em que o jurado não poderá atuar.

Se tiver funcionado em julgamento anterior do mesmo processo, independentemente da causa determinante do julgamento posterior (por exemplo, se o primeiro julgamento foi anulado pelo Tribunal ao reconhecer uma nulidade); se houver integrado o Conselho de Sentença que julgou o outro acusado, no caso do concurso de pessoas; e tiver manifestado prévia disposição para condenar ou absolver o acusado.

Vamos nos ater a este inciso III.

De que forma as partes poderão provar que o jurado sorteado manifestou-se prévia e favoravelmente à absolvição ou à condenação?

Parece-nos que aqui poderão ser utilizados todos os meios de prova em Direito admitidos, como a exibição de uma entrevista gravada; um depoimento publicado; uma carta entre amigos; um correio eletrônico entre outros.

Como era	Como ficou
Art. 458. § 2º Dos impedidos entre si por parentesco servirá o que houver sido sorteado em primeiro lugar.	Art. 450. Dos impedidos entre si por parentesco ou relação de convivência, servirá o que houver sido sorteado em primeiro lugar.

✳ **O que mudou**

Uma das causas de impedimento é a integração, no conselho de sentença, de dois ou mais jurados parentes entre si.

A relação de parentesco é a mesma estipulada pela legislação civil.

Neste caso, a solução da lei foi manter, entre os sorteados, o que teve seu nome retirado em primeiro lugar da urna.

Discordamos da regra. Em nossa opinião, deveria prevalecer o sorteio.

Os jurados ficarão incomunicáveis. A votação será sigilosa. Se todas as regras principiológicas envolvendo o júri forem respeitadas, o que compete ao juiz e às partes fiscalizarem, não haverá interferência ou unanimidade por afinidade na votação.

Como era	Como ficou
Art. 459. Os jurados excluídos por impedimento ou suspeição serão computados para a constituição do número legal.	Art. 451. Os jurados excluídos por impedimento, suspeição ou incompatibilidade serão considerados para a constituição do número legal exigível para a realização da sessão.

* **O que mudou**

A previsão legal foi repetida. Antes constava do art. 459, agora está expressa no art. 451.

Há uma perfeita integração entre os arts. 451 e 463 do CPP. Ambos têm previsão a respeito do cômputo dos jurados considerados suspeitos ou impedidos para o início do sorteio do Conselho de Sentença (15 jurados).

Esta regra busca privilegiar o sorteio feito. Naquele momento, ainda não estavam reconhecida a suspeição ou impedimento de qualquer jurado.

As formalidades e gastos envolvidos na convocação dos jurados sorteados também é levado em consideração para justificar esta previsão legal. Deve-se buscar reduzir ao máximo a burocracia no rito do Júri e primar pela sua celeridade e efetividade, respeitados os princípios do contraditório e da plenitude de defesa.

Como era	Como ficou
Art. 463. O mesmo conselho poderá conhecer de mais de um processo na mesma sessão de julgamento, se as partes o aceitarem; mas prestará cada vez novo compromisso.	Art. 452. O mesmo Conselho de Sentença poderá conhecer de mais de um processo, no mesmo dia, se as partes o aceitarem, hipótese em que seus integrantes deverão prestar novo compromisso.

✳ **O que mudou**

A regra permaneceu inalterada. O mesmo Conselho de Sentença poderá conhecer de mais de um processo no mesmo dia.

Para isso, é necessária a aceitação das partes envolvidas.

Os jurados, neste caso, prestarão novamente o compromisso do *assim o prometo*, previsto no art. 472 do CPP.

A medida tem sua razão de ser. Economia processual.

As partes devem estar atentas para a condição física e emocional dos jurados. Se estiverem muito desgastados pela sessão anterior, é melhor não aceitar. A concentração para as teses apresentadas pode ficar prejudicada e isso poderá interferir diretamente no resultado do julgamento, de forma positiva ou negativa.

Como era	Como ficou
Art. 426. O Tribunal do Júri, no Distrito Federal, reunir-se-á todos os meses, celebrando em dias úteis sucessivos, salvo justo impedimento, as sessões necessárias para julgar os processos preparados. Nos Estados e nos Territórios, observar-se-á, relativamente à época das sessões, o que prescrever a lei local.	Seção X Da reunião e das sessões do Tribunal do Júri Art. 453. O Tribunal do Júri reunir-se-á para as sessões de instrução e julgamento nos períodos e na forma estabelecida pela lei local de organização judiciária.

✳ **O que mudou**

Discordamos de qualquer interferência da lei na autonomia funcional e organizacional do Poder Judiciário.

É o juiz quem elabora a sua pauta, dentro das possibilidades de horário, de pessoal e das partes. Não compete à lei, abstrata em sua natureza, regulamentar situações diferentes e peculiares em cada comarca do País.

O estrangulamento das pautas com a obrigação legal de encerrar a primeira fase do júri em 90 dias (art. 412 do CPP) já trará conseqüências desastrosas para a *judicium accusationis*, seja porque não será cumprido, seja pela enxurrada de pedidos de *habeas corpus* para a soltura dos réus por excesso de prazo.

Lei 11.689/2008 – *Júri* 137

A lei não deve se imiscuir na forma de condução dos julgamentos pelos magistrados. Da mesma forma como não cabe liminar em mandado de segurança para obrigar os parlamentares a cumprirem os prazos estabelecidos nos Regimentos Internos da Câmara e do Senado.

Entretanto, o art. 453 prevê, expressamente, que as reuniões do Tribunal do Júri devem respeitar os ditames da lei de organização judiciária local. Há Comarcas onde o Tribunal do Júri funciona de forma ininterrupta, não havendo necessidade de marcar reuniões para as sessões de instrução e julgamento.

Como era	Como ficou
Sem similar.	Art. 454. Até o momento de abertura dos trabalhos da sessão, o juiz presidente decidirá os casos de isenção e dispensa de jurados e o pedido de adiamento de julgamento, mandando consignar em ata as deliberações.

✳ **O que mudou**

Compete ao juiz presidente, nos termos deste artigo, decidir os casos de isenção e dispensa de jurados, além de eventual pedido de adiamento pelas partes, tendo como prazo limite o momento de abertura da sessão.

Todas as decisões sobre as questões jurídicas ventiladas, independentemente de seu conteúdo, serão consignadas em ata.

Como era	Como ficou
Art. 448. Se, por motivo de força maior, não comparecer o órgão do Ministério Público, o presidente adiará o julgamento para o primeiro dia desimpedido, da mesma sessão periódica. Continuando o órgão do Ministério Público impossibilitado de comparecer, funcionará o substituto legal, se houver, ou promotor *ad hoc*.	Art. 455. Se o Ministério Público não comparecer, o juiz presidente adiará o julgamento para o primeiro dia desimpedido da mesma reunião, cientificadas as partes e as testemunhas. Parágrafo único. Se a ausência não for justificada, o fato será imediatamente comunicado ao Procurador-Geral de Justiça com a data designada para a nova sessão.

Como era	Como ficou
Parágrafo único. Se o órgão do Ministério Público deixar de comparecer sem escusa legítima, será igualmente adiado o julgamento para o primeiro dia desimpedido, nomeando-se, porém, desde logo, promotor *ad hoc*, caso não haja substituto legal, comunicado o fato ao procurador-geral.	

✳ **O que mudou**

O juiz presidente tem como uma de suas atribuições a gestão dos atos processuais, direcionada para o perfeito funcionamento do Tribunal do Júri. Este funcionamento inclui o não adiamento da sessão de julgamento, salvo nos casos expressos em lei.

Um desses casos relaciona-se com a ausência do Ministério Público, motivada ou imotivada.

Em caso de ausência injustificada, o juiz presidente oficia o Procurador-Geral de Justiça para que tome ciência da ausência injustificada do promotor e da nova data designada para a sessão de julgamento após o seu adiamento.

Desapareceu, tardiamente, a previsão da nomeação pelo juiz do promotor *ad hoc*. Esta era mais uma regra não recepcionada pela Constituição Federal de 1988 e, desta forma, foi muito bem extirpada de nosso ordenamento jurídico. Só pode atuar como representante do Ministério Público o cidadão aprovado em concurso de provas e títulos organizado pela Instituição.

Em resumo, faltando o promotor, com ou sem justificativa, a sessão será adiada.

Como era	Como ficou
Art. 450. A falta, sem escusa legítima, do defensor do réu ou do curador, se um ou outro for advogado ou soli-	Art. 456. Se a falta, sem escusa legítima, for do advogado do acusado, e se outro não for por este constituído,

Como era	Como ficou
citador, será imediatamente comunicada ao Conselho da Ordem dos Advogados, nomeando o presidente do tribunal, em substituição, outro defensor, ou curador, observado o disposto no artigo anterior.	o fato será imediatamente comunicado ao presidente da seccional da Ordem dos Advogados do Brasil, com a data designada para a nova sessão. § 1º Não havendo escusa legítima, o julgamento será adiado somente uma vez, devendo o acusado ser julgado quando chamado novamente. § 2º Na hipótese do § 1º deste artigo, o juiz intimará a Defensoria Pública para o novo julgamento, que será adiado para o primeiro dia desimpedido, observado o prazo mínimo de 10 (dez) dias.

✳ **O que mudou**

Da mesma forma que o artigo anterior, o magistrado não possui relação hierárquica com a defesa do acusado.

Ausente o advogado do acusado, sem justificativa, o juiz oficiará a Ordem dos Advogado do Brasil para as providências cabíveis.

A ausência injustificada do defensor público anteriormente nomeado para a causa, acarretará no envio do ofício para o chefe da Defensoria Pública.

De qualquer forma, tanto o Ministério Público quanto a defesa, em caso de ausência injustificada, se for a primeira vez, a sessão de julgamento será adiada.

Na hipótese específica do advogado do réu, mesmo sendo oficiada a defensoria pública para a nomeação de defensor para o réu na segunda sessão, o advogado constituído faltante será novamente intimado da nova data via imprensa oficial.

O primeiro adiamento decorre da presunção de que todos os profissionais envolvidos na causa são cumpridores de seus deveres e que, provavelmente, a justificativa para a sua ausência será posteriormente juntada aos autos.

A nova data marcada para a próxima sessão de julgamento, oficiada a Defensoria Pública, deverá respeitar um prazo mínimo de 10 dias para que o defensor possa se preparar para defender o acusado. Prazo inferior configura desrespeito ao princípio da plenitude de defesa, em evidente nulidade absoluta.

Como era	Como ficou
Art. 451. Não comparecendo o réu ou o acusador particular, com justa causa, o julgamento será adiado para a seguinte sessão periódica, se não puder realizar-se na que estiver em curso. § 1º Se se tratar de crime afiançável, e o não-comparecimento do réu ocorrer sem motivo legítimo, far-se-á o julgamento à sua revelia. § 2º O julgamento não será adiado pelo não-comparecimento do advogado do assistente. Art. 452. Se o acusador particular deixar de comparecer, sem escusa legítima, a acusação será devolvida ao Ministério Público, não se adiando por aquele motivo o julgamento.	Art. 457. O julgamento não será adiado pelo não comparecimento do acusado solto, do assistente ou do advogado do querelante, que tiver sido regularmente intimado. § 1º Os pedidos de adiamento e as justificações de não comparecimento deverão ser, salvo comprovado motivo de força maior, previamente submetidos à apreciação do juiz presidente do Tribunal do Júri. § 2º Se o acusado preso não for conduzido, o julgamento será adiado para o primeiro dia desimpedido da mesma reunião, salvo se houver pedido de dispensa de comparecimento subscrito por ele e seu defensor.

✳ **O que mudou**

O art. 457 do CPP trata dos casos em que a sessão de julgamento não será adiada, mesmo faltando determinados sujeitos processuais. Vamos estudar cada uma dessas ausências.

Réu: a nova sistemática do júri trazida pela reforma revolucionou no caso da ausência do réu.

Antes da reforma, tratando-se de crime inafiançável, a sua ausência acarretava de imediato em adiamento da sessão. Não havia sessão de julgamento no júri sem a presença de réu acusado de crime inafiançável.

Isso foi completamente alterado. Agora o acusado controla a opção de comparecer pessoalmente para ser julgado ou não. A sua ausência motivada, caso solto e informada com antecedência se estiver preso, não adia a sessão. O julgamento prossegue normalmente.

Tendo sido regularmente intimado, ele tem a faculdade de estar em plenário para acompanhar o julgamento, estando solto ou preso. Caso esteja preso, deverá comunicar ao juiz subscrevendo, junto com seu defensor constituído, a sua ausência da sessão de julgamento.

A medida mostra-se compatível com a plenitude de defesa e o direito ao silêncio.

A plenitude de defesa consiste na soma da autodefesa e da defesa técnica. Se ambos, advogado e réu, concordam que o silêncio, para aquele caso concreto é a melhor maneira de buscar a absolvição do acusado, poderão optar também pela ausência do acusado.

Imaginem um caso onde as provas contra o réu são muito frágeis. O réu aguarda o julgamento preso. Surge como técnica de defesa não obrigá-lo a ir à sessão do júri vestido como preso e chegando algemado, situação corriqueira no júri.

Se possui o direito constitucional de permanecer em silêncio em qualquer fase administrativa ou judicial, também poderá exercer esse direito simplesmente deixando de comparecer à sessão onde será julgado. Agiu bem o legislador inserindo essa regra no rito do júri.

Assistente de acusação: o assistente de acusação tem como função primordial auxiliar os trabalhos do representante do *Parquet*, nos casos de ação pública, ou do advogado do querelante, nos casos de ação penal privada.

Não teria sentido adiar uma sessão de julgamento que envolve, no mínimo, 1 juiz togado, 15 jurados, 1 promotor, 1 advogado, 1 oficial de justiça e 1 escrivão pela ausência do mandatário do profissional cuja atuação é de cunho suplementar e acessória. Por este motivo a regra do antigo art. 451 foi mantida.

A sua ausência não prejudica a busca pela verdade dos fatos, não acarreta nulidade e o adiamento do julgamento iria de encontro à busca pela celeridade processual, tratada como prioridade pela nova Lei 11.689/2008.

Advogado do querelante: teremos ação penal privada no júri nos casos de ação penal privada subsidiária da pública, o que no júri será muito difícil de acontecer, e no caso dos crimes conexos, quando compete ao advogado de querelante promover a acusação do crime em plenário.

No caso da ação penal privada subsidiária da pública, faltando o advogado do querelante, parece-nos que o promotor não estará preparado para assumir o encargo. Assim, contrariando o que diz a nova redação do 457 do CPP, o juiz não terá outra alternativa a não ser adiar a sessão para outra data, intimando o Ministério Público para reassumir a titularidade da ação penal pública.

No caso do crime conexo, ausente o advogado do querelante sem justificativa, nada resta ao juiz a não ser declarar a extinção da punibilidade do agente pela perempção, desaparecendo o *ius puniendi* e impedindo o Estado de continuar trabalhando para efetivar qualquer responsabilidade criminal, pelo menos, quanto ao crime conexo ao de ação penal pública.

Como era	Como ficou
Art. 453. A testemunha que, sem justa causa, deixar de comparecer, incorrerá na multa de cinco a cinqüenta centavos, aplicada pelo presidente, sem prejuízo do processo penal, por desobediência, e da observância do preceito do art. 218.	Art. 458. Se a testemunha, sem justa causa, deixar de comparecer, o juiz presidente, sem prejuízo da ação penal pela desobediência, aplicar-lhe-á a multa prevista no § 2º do art. 436 deste Código.

✷ **O que mudou**

Da mesma forma que o jurado, a testemunha regularmente intimada também é obrigada a comparecer e apresentar no Tribunal do Júri tudo o que sabe a respeito dos fatos do processo.

Se deixar de comparecer sem justa causa, poderá ser réu em ação penal pelo crime de desobediência, além da multa de 1 a 10 salários mínimos, atendidos os critérios da proporcionalidade e da condição econômica da testemunha. Bem mais significativas do que a ridícula multa anterior que variava entre 5 a 50 centavos.

Como era	Como ficou
Art. 453. Parágrafo único. Aplica-se às testemunhas, enquanto a serviço do júri, o disposto no art. 430.	Art. 459. Aplicar-se-á às testemunhas a serviço do Tribunal do Júri o disposto no art. 441 deste Código.

✳ **O que mudou**

A regra permaneceu idêntica.

Tendo em vista a obrigatoriedade da testemunha comparecer para narrar seu testemunho sobre os fatos e responder as inquirições do juiz e das partes, não poderá, por óbvio, sofrer qualquer desconto em seu salário pelo dia que deixar de comparecer ao trabalho.

Receberá uma certidão judicial e deverá entregá-la no local do seu trabalho para comprovar sua ida ao fórum por obrigatoriedade da lei.

Como era	Como ficou
Art. 454. Antes de constituído o conselho de sentença, as testemunhas, separadas as de acusação das de defesa, serão recolhidas a lugar de onde não possam ouvir os debates, nem as respostas umas das outras.	Art. 460. Antes de constituído o Conselho de Sentença, as testemunhas serão recolhidas a lugar onde umas não possam ouvir os depoimentos das outras.

✳ **O que mudou**

Assim como os jurados, as testemunhas também não devem ser recolhidas em local onde possam ouvir o depoimento das outras, para não sofrer interferência em suas impressões sobre o fato colocado em julgamento.

Muitas testemunhas não tem certeza absoluta do que irão dizer e, caso ouçam uma versão similar com alguns acréscimos, é possível que utilize os detalhes que escutou para incrementar o seu próprio depoimento a respeito dos fatos.

A regra do art. 460 busca preservar as diferentes versões a respeito do crime contra a vida apresentado na sessão de julgamento. Muitas vezes, a defesa utiliza as diferentes versões da testemunha para pedir a absolvição pela fragilidade das provas ou pela contradição na versão apresentada pelas testemunhas, pois in *dubio pro reo*.

A comunicação prévia entre as testemunhas e as versões combinadas poderão ter, como maléfica conseqüência, a absolvição de um culpado ou a condenação de um inocente.

Como era	Como ficou
Art. 455. A falta de qualquer testemunha não será motivo para o adiamento, salvo se uma das partes tiver requerido sua intimação, declarando não prescindir do depoimento e indicando seu paradeiro com a antecedência necessária para a intimação. Proceder-se-á, entretanto, ao julgamento, se a testemunha não tiver sido encontrada no local indicado. § 1º Se, intimada, a testemunha não comparecer, o juiz suspenderá os trabalhos e mandará trazê-la pelo oficial de justiça ou adiará o julgamento para o primeiro dia útil desimpedido, ordenando a sua condução ou requisitando à autoridade policial a sua apresentação. § 2º Não conseguida, ainda assim, a presença da testemunha no dia designado, proceder-se-á ao julgamento.	Art. 461. O julgamento não será adiado se a testemunha deixar de comparecer, salvo se uma das partes tiver requerido a sua intimação por mandado, na oportunidade de que trata o art. 422 deste Código, declarando não prescindir do depoimento e indicando a sua localização. § 1º Se, intimada, a testemunha não comparecer, o juiz presidente suspenderá os trabalhos e mandará conduzi-la ou adiará o julgamento para o primeiro dia desimpedido, ordenando a sua condução. § 2º O julgamento será realizado mesmo na hipótese de a testemunha não ser encontrada no local indicado, se assim for certificado por oficial de justiça.

※ **O que mudou**

O art. 461 cuida da ausência de testemunha, de acusação ou de defesa.

A regra geral é: a sessão de julgamento não será adiada pela ausência de testemunha.

O próprio artigo traz as exceções. Quando uma das partes tiver requerido a intimação de testemunha por mandado declarando não prescindir do depoimento e indicando a sua localização. Esse requerimento deve ter sido feito no momento adequado, ou seja, na fase da preparação do processo para julgamento em plenário.

Naquela oportunidade de que trata o art. 422 deste Código, ao receber os autos, o juiz presidente determina a intimação do Ministério Público e do defensor, para, no prazo de 5 (cinco) dias, apresentarem rol de testemunhas que irão depor em plenário, até o máximo de 5 (cinco), oportunidade em que poderão juntar documentos e requerer diligência.

Assim, se a testemunha tiver sido arrolada nesta fase com requerimento para intimação por mandado, o seu não comparecimento, se o depoimento da testemunha for considerado imprescindível para trazer a verdade e a justiça para o processo, a sessão de julgamento será adiada.

Caso tenha sido regularmente intimada, o juiz presidente suspenderá os trabalhos e mandará conduzir a testemunha coercitivamente. Se a condução coercitiva mostrar-se inviável, o juiz presidente adiará o julgamento para o primeiro dia desimpedido, ordenando a condução da testemunha faltante na nova data.

Quando da nova realização do julgamento, se a tal testemunha imprescindível não for localizada no local indicado pela parte para ser coercitivamente conduzida, a sessão dar-se-á mesmo sem a sua presença, consignando o fato em ata.

Como era	Como ficou
Art. 442. No dia e à hora designados para reunião do júri, presente o órgão do Ministério Público, o presidente, depois de verificar se a urna contém as cédulas com os nomes dos vinte e um jurados sorteados, mandará que o escrivão lhes proceda à chamada, declarando instalada a sessão, se comparecerem pelo menos quinze deles, ou, no caso contrário, convocando nova sessão para o dia útil imediato.	Art. 462. Realizadas as diligências referidas nos arts. 454 a 461 deste Código, o juiz presidente verificará se a urna contém as cédulas dos 25 (vinte e cinco) jurados sorteados, mandando que o escrivão proceda à chamada deles.

✱ **O que mudou**

As diligências mencionadas na redação do art. 462 estão relacionadas com os pedidos de isenção e dispensa dos jurados; pedidos de adiamento do julgamento; verificação das presenças do Ministério Público, do defensor, do acusado, do assistente de acusação, do advogado do querelante e das testemunhas.

Estando todas essas diligências em ordem, o juiz verificará se a urna contém as cédulas dos 25 jurados sorteados.

Presentes pelo menos 15 deles, o juiz determina ao escrivão que proceda à chamada nominal dos jurados presentes.

Com o *quorum* mínimo, a sessão será instalada. Presentes menos de 15 jurados, o juiz convocará nova sessão e sorteará os jurados suplentes, na forma prevista no art. 464 do CPP.

Como era	Como ficou
Art. 447. Aberta a sessão, o presidente do tribunal, depois de resolver sobre as escusas, na forma dos artigos anteriores, abrirá a urna, dela retirará todas as cédulas, verificando uma a uma, e, em seguida, colocará na urna as relativas aos jurados presentes e, fechando-a, anunciará qual o processo que será submetido a julgamento e ordenará ao porteiro que apregoe as partes e as testemunhas. Art. 456. O porteiro do tribunal, ou na falta deste, o oficial de justiça, certificará haver apregoado as partes e as testemunhas.	Art. 463. Comparecendo, pelo menos, 15 (quinze) jurados, o juiz presidente declarará instalados os trabalhos, anunciando o processo que será submetido a julgamento. § 1º O oficial de justiça fará o pregão, certificando a diligência nos autos. § 2º Os jurados excluídos por impedimento ou suspeição serão computados para a constituição do número legal.

✱ **O que mudou**

Comparecendo o número mínimo de 15 jurados previsto em lei, o juiz presidente inicia os trabalhos e declara aberta a sessão.

Os jurados excluídos por suspeição ou impedimento serão computados no dia para totalizar o *quorum* mínimo de 15. Trata-se de repetição do que está expresso no art. 451 do CPP: "Os jurados excluídos por impedimento, suspeição ou incompatibilidade serão considerados para a constituição do número legal exigível para a realização da sessão".

Em seguida, o oficial de justiça apregoa as partes e certifica a sua presença nos autos.

Como era	Como ficou
Art. 445. Verificando não estar completo o número de 21 (vinte e um) jurados, embora haja o mínimo legal para a instalação da sessão, o juiz procederá ao sorteio dos suplentes necessários, repetindo-se o sorteio até perfazer-se aquele número. § 1º Nos Estados e Territórios, serão escolhidos como suplentes, dentre os sorteados, os jurados residentes na cidade ou vila ou até a distância de 20 (vinte) quilômetros. § 3º Os jurados ou suplentes que não comparecerem ou forem dispensados de servir na sessão periódica serão, desde logo, havidos como sorteados para a seguinte. § 4º Sorteados os suplentes, os jurados substituídos não mais serão admitidos a funcionar durante a sessão periódica.	Art. 464. Não havendo o número referido no art. 463 deste Código, proceder-se-á ao sorteio de tantos suplentes quantos necessários, e designar-se-á nova data para a sessão do júri.

※ **O que mudou**

Comparecendo menos de 15 jurados, não resta ao juiz presidente outra alternativa legal a não ser designar nova data para a sessão do júri.

Antes disso, sorteará tantos jurados suplentes quantos forem necessários e, nos termos do art. 465, consignará o nome dos sorteados em ata e providenciará a sua convocação.

Como era	Como ficou
Art. 445. § 2º Os nomes dos suplentes serão consignados na ata, seguindo-se a respectiva notificação para comparecimento.	Art. 465. Os nomes dos suplentes serão consignados em ata, remetendo-se o expediente de convocação, com observância do disposto nos arts. 434 e 435 deste Código.

✻ **O que mudou**

Sorteados os jurados suplentes, eles deverão ser convocados para a data redesignada da sessão.

Sua convocação seguirá o trâmite previsto nos arts. 434 e 435 do CPP.

A convocação será feita por qualquer meio hábil. A intimação do jurado suplente sorteado segue com data, local e hora para comparecer perante a Justiça.

O jurado suplente também recebe cópia dos arts. 436 a 446, que tratam das funções dos jurados.

Além desses cuidados, serão afixados na porta do edifício do Tribunal do Júri a relação dos jurados convocados, os nomes do acusado e dos procuradores das partes, além do dia, hora e local da sessão.

Como era	Como ficou
Art. 458. Antes do sorteio do conselho de sentença, o juiz advertirá os jurados dos impedimentos constantes do art. 462, bem como das incompatibilidades legais por suspeição, em razão de parentesco com o juiz, com o promotor, com o advogado, com o réu ou com a vítima, na forma do disposto neste Código sobre os impedimentos ou a suspeição dos juízes togados.	Art. 466. Antes do sorteio dos membros do Conselho de Sentença, o juiz presidente esclarecerá sobre os impedimentos, a suspeição e as incompatibilidades constantes dos arts. 448 e 449 deste Código. § 1º O juiz presidente também advertirá os jurados de que, uma vez sorteados, não poderão comunicar-se entre si e com outrem, nem mani-

Como era	Como ficou
§ 1º Na mesma ocasião, o juiz advertirá os jurados de que, uma vez sorteados, não poderão comunicar-se com outrem, nem manifestar sua opinião sobre o processo, sob pena de exclusão do conselho e multa, de duzentos a quinhentos mil-réis. § 2º Dos impedidos entre si por parentesco servirá o que houver sido sorteado em primeiro lugar.	festar sua opinião sobre o processo, sob pena de exclusão do Conselho e multa, na forma do § 2º do art. 436 deste Código. § 2º A incomunicabilidade será certificada nos autos pelo oficial de justiça.

* O que mudou

Reunidos os jurados em pelo menos 15 presentes, o juiz presidente, antes do sorteio dos 7 membros do Conselho de Sentença, esclarecerá sobre os impedimentos, a suspeição e as incompatibilidades (remetemos o leitor para a leitura dos comentários aos arts. 448 e 449 do CPP).

Os jurados também serão advertidos sobre a incomunicabilidade após o sorteio e as penas decorrentes da sua inobservância: exclusão do Conselho de Sentença e multa de 1 a 10 salários mínimos.

A incomunicabilidade será certificada pelo oficial de justiça.

Caso a incomunicabilidade seja violada, o juiz presidente dissolve o Conselho de Sentença e marca outra data para o julgamento suspenso.

Como era	Como ficou
Art. 457. Verificado publicamente pelo juiz que se encontram na urna as cédulas relativas aos jurados presentes, será feito o sorteio de 7 (sete) para a formação do conselho de sentença.	Art. 467. Verificando que se encontram na urna as cédulas relativas aos jurados presentes, o juiz presidente sorteará 7 (sete) dentre eles para a formação do Conselho de Sentença.

* O que mudou

A regra do antigo art. 457 foi mantida, agora no art. 467 do CPP.

Nem poderia ter agido diferente o legislador.

Na urna serão colocadas as cédulas com os nomes dos jurados presentes, para que o sorteio seja racional.

De todos os presentes (no mínimo 15), 7 serão sorteados e formarão o conselho de sentença, órgão jurisdicional que decidirá, com base na consciência de seus integrantes, após a instrução e os debates, se o acusado será absolvido ou condenado.

Como era	Como ficou
Art. 459 § 2º À medida que as cédulas forem tiradas da urna, o juiz as lerá, e a defesa e, depois dela, a acusação poderão recusar os jurados sorteados, até três cada uma, sem dar os motivos da recusa.	Art. 468. À medida que as cédulas forem sendo retiradas da urna, o juiz presidente as lerá, e a defesa e, depois dela, o Ministério Público poderão recusar os jurados sorteados, até 3 (três) cada parte, sem motivar a recusa. Parágrafo único. O jurado recusado imotivadamente por qualquer das partes será excluído daquela sessão de instrução e julgamento, prosseguindo-se o sorteio para a composição do Conselho de Sentença com os jurados remanescentes.

✹ **O que mudou**

Este é um dos momentos de maior ansiedade para o jurado.

Após ser identificado na cédula, ter seu nome colocado na urna, o jurado fica sentado aguardando para saber se será um dos 7 que integrará o Conselho de Sentença ou se irá para casa.

Muitos não entendem bem esta fase, pois não há uma prévia explicação judicial a respeito. O que todos sabem é que alguns são aceitos e outros não.

Trata-se da chamada fase das recusas.

A defesa e a acusação terão 3 recusas imotivadas para cada, ou seja, poderão recusar o jurado sorteado sem explicar o porquê. Basta afirmar em voz alta: 'recusa peremptória' e o jurado está fora do Conselho. No caso da ação penal privada, quem tem direito a 3 recusas imotivadas é o querelante, e não o representante do Ministério Público.

O juiz lê o nome na cédula sorteada e primeiro a defesa e depois o promotor exteriorizam a sua vontade.

Fica como sugestão para os juízes presidentes do júri informar que as recusas peremptórias não tem relação com algo de errado feito previamente pelos jurados. Muitos se sentem assim e essa sensação pode ser facilmente eliminada com uma simples explicação.

O jurado peremptoriamente recusado será excluído daquela sessão de instrução e julgamento, prosseguindo-se o sorteio para a composição do Conselho de Sentença com os jurados remanescentes.

Além das três recusas imotivadas, outras recusas motivadas não possuem limite numérico. Podem ser alegadas quantas forem necessárias para impedir que um jurado suspeito, impedido ou incompatível integre o Conselho de Sentença. Se o próprio jurado não se apresentar como suspeito ou impedido, cabe às partes fazê-lo no momento das recusas.

Como era	Como ficou
Art. 461. Se os réus forem dois ou mais, poderão incumbir das recusas um só defensor; não convindo nisto e se não coincidirem as recusas, dar-se-á a separação dos julgamentos, prosseguindo-se somente no do réu que houver aceito o jurado, salvo se este, recusado por um réu e aceito por outro, for também recusado pela acusação. Parágrafo único. O réu, que pela recusa do jurado tiver dado causa à separação, será julgado no primeiro dia desimpedido.	Art. 469. Se forem 2 (dois) ou mais os acusados, as recusas poderão ser feitas por um só defensor. § 1º A separação dos julgamentos somente ocorrerá se, em razão das recusas, não for obtido o número mínimo de 7 (sete) jurados para compor o Conselho de Sentença. § 2º Determinada a separação dos julgamentos, será julgado em primeiro lugar o acusado a quem foi atribuída a autoria do fato ou, em caso de co-autoria, aplicar-se-á o critério de preferência disposto no art. 429 deste Código.

✳ O que mudou

No caso de 2 ou mais réus, a fase das recusas possui algumas peculiaridades.

Se todos os acusados estiverem sendo representados por advogado comum, ou seja, um defensor para todos, ele continuará, nos termos do art. 469, a ter apenas três recusas peremptórias.

Seguindo a antiga regra do art. 461, podemos extrair a correta interpretação do *caput* do art. 469, quando utiliza a palavra 'poderão', que denota faculdade, ao contrário da palavra 'deverão', que indica obrigação.

Não teria cabimento a lei obrigar advogados diferentes a escolher quem irá exercer o direito das recusas. A plenitude de defesa já está latente nesse momento e cada defensor deve defender o seu cliente da melhor forma. Se a lei tivesse utilizado a palavra "deverão", o artigo estaria revestido do vício da inconstitucionalidade por quebra do princípio da plenitude de defesa.

Assim, utilizou a palavra 'poderão', deixando a cargo dos diferentes defensores chegar a um consenso para apenas um dos causídicos exercer o direito das recusas imotivadas.

O § 1º estipula como única hipótese de separação dos julgamentos a insuficiência numérica de 7 jurados para compor o Conselho de Sentença, após as recusas das partes.

Independente do silêncio da redação do novo art. 469, caso os defensores dos 2 ou mais réus não cheguem a um acordo a respeito de um representante da defesa para as recusas e, em conseqüência disso, as recusas dos diferentes advogados não coincidam, dar-se-á a separação dos julgamentos, sendo julgado em primeiro lugar o acusado a quem foi atribuída a autoria do fato ou, em caso de co-autoria, aplicar-se-á o seguinte critério de preferência: em primeiro lugar os acusados presos; dentre os acusados presos, aqueles que estiverem há mais tempo na prisão; em igualdade de condições, os precedentemente pronunciados.

O advogado do réu que aceitou o jurado, caso não haja recusa da acusação, permanece em julgamento e o outro defensor que efetivou sua recusa será o responsável pelo adiamento do julgamento de seu cliente para outra data.

A regra é: diferenças de opinião entre defensores nas recusas, ocorre a separação do processo e, conseqüentemente, dos julgamentos.

Como era	Como ficou
Art. 460. A suspeição argüida contra o presidente do tribunal, o órgão do Ministério Público, os jurados ou qualquer funcionário, quando não reconhecida, não suspenderá o julgamento, devendo, entretanto, constar da ata a argüição.	Art. 470. Desacolhida a argüição de impedimento, de suspeição ou de incompatibilidade contra o juiz presidente do Tribunal do Júri, órgão do Ministério Público, jurado ou qualquer funcionário, o julgamento não será suspenso, devendo, entretanto, constar da ata o seu fundamento e a decisão.

✳ **O que mudou**

Privilegiando o não adiamento dos julgamentos e a celeridade dos processos, a reforma manteve a antiga regra do art. 460: "Desacolhida a argüição de impedimento, de suspeição ou de incompatibilidade contra o juiz presidente do Tribunal do Júri, órgão do Ministério Público, jurado ou qualquer funcionário, o julgamento não será suspenso (...)".

O único cuidado é incluir na ata de julgamento que foi levantada a preliminar de suspeição ou incompatibilidade e que foi desacolhida.

Oportunamente, a nulidade poderá ser rediscutida em preliminar do recurso de apelação, ou, até mesmo, em habeas corpus instruído com cópia da ata.

Se o Tribunal entender que a argüição era procedente e deveria ter sido levada em consideração pelo juiz presidente, anulará o julgamento e determinará a realização de outro.

Como era	Como ficou
Art. 459. § 1º Se, em conseqüência das suspeições ou das recusas, não houver número para a formação do conselho, o julgamento será adiado para o primeiro dia desimpedido.	Art. 471. Se, em conseqüência do impedimento, suspeição, incompatibilidade, dispensa ou recusa, não houver número para a formação do Conselho, o julgamento será adiado para o primeiro dia desimpedido, após sorteados os suplentes, com observância do disposto no art. 464 deste Código.

※ **O que mudou**

Conforme já visto no art. 464, comparecendo, pelo menos, 15 jurados, computados os excluídos por impedimento ou suspeição, o juiz presidente declarará instalados os trabalhos, anunciando o processo que será submetido a julgamento.

Entretanto, pode ocorrer de sobrarem menos de 7 jurados para compor o Conselho de Sentença. Nesse caso, como o juiz deverá proceder?

O art. 471 traz a solução: o juiz presidente adia o julgamento para o primeiro dia desimpedido (por isso a montagem da pauta com folga para os adiamentos) e sorteia os jurados suplentes em número necessário para evitar outro adiamento.

Como era	Como ficou
Art. 464. Formado o conselho, o juiz, levantando-se, e com ele todos os presentes, fará aos jurados a seguinte exortação: Em nome da lei, concito-vos a examinar com imparcialidade esta causa e a proferir a vossa decisão, de acordo com a vossa consciência e os ditames da justiça. Os jurados, nominalmente chamados pelo juiz, responderão: *Assim o prometo.* Art. 466. § 2º Onde for possível, o presidente mandará distribuir aos	Art. 472. Formado o Conselho de Sentença, o presidente, levantando-se, e, com ele, todos os presentes, fará aos jurados a seguinte exortação: Em nome da lei, concito-vos a examinar esta causa com imparcialidade e a proferir a vossa decisão de acordo com a vossa consciência e os ditames da justiça. Os jurados, nominalmente chamados pelo presidente, responderão: *Assim o prometo.*

Como era	Como ficou
jurados cópias datilografadas ou impressas, da pronúncia, do libelo e da contrariedade, além de outras peças que considerar úteis para o julgamento da causa.	Parágrafo único. O jurado, em seguida, receberá cópias da pronúncia ou, se for o caso, das decisões posteriores que julgaram admissível a acusação e do relatório do processo.

※ **O que mudou**

O juramento feito pelos jurados, ou exortação, na palavra da lei, que estava prevista no art. 464 mudou para o art. 472.

Formado o Conselho de Sentença, ou seja, escolhidos os 7 jurados, o juiz concitará os juízes leigos a fazer o juramento.

Prometido proferir a decisão de acordo com a consciência e os ditames da justiça, os jurados receberão cópias da pronúncia (ou decisões posteriores que julgaram admissível a acusação) e do relatório do processo.

O fato dos jurados terem feito o juramento não significa grande coisa. É mais um ato simbólico para mostrar às pessoas que integrarão o Conselho de Sentença que o Poder Judiciário é coisa séria.

Melhor seria informar a respeito da incomunicabilidade e da possibilidade da decisão ser reformada pelo Tribunal se for manifestamente contrária à prova dos autos. Isso traria mais preocupação e seriedade ao desempenho da função do que uma simples resposta decorada.

Como era	Como ficou
Art. 466. Feito e assinado o interrogatório, o presidente, sem manifestar sua opinião sobre o mérito da acusação ou da defesa, fará o relatório do processo e exporá o fato, as provas e as conclusões das partes. § 1º Depois do relatório, o escrivão lerá, mediante ordem do presidente, as peças do processo, cuja leitura for requerida pelas partes ou por qualquer jurado.	Seção XI Da Instrução em Plenário Art. 473. Prestado o compromisso pelos jurados, será iniciada a instrução plenária quando o juiz presidente, o Ministério Público, o assistente, o querelante e o defensor do acusado tomarão, sucessiva e diretamente, as declarações do ofendido, se possível, e inquirirão as testemunhas arroladas pela acusação.

Como era	Como ficou
467. Terminado o relatório, o juiz, o acusador, o assistente e o advogado do réu e, por fim, os jurados que o quiserem, inquirirão sucessivamente as testemunhas de acusação. Art. 468. Ouvidas as testemunhas de acusação, o juiz, o advogado do réu, o acusador particular, o promotor, o assistente e os jurados que o quiserem, inquirirão sucessivamente as testemunhas de defesa. Art. 469. Os depoimentos das testemunhas de acusação e de defesa serão reduzidos a escrito, em resumo, assinado o termo pela testemunha, pelo juiz e pelas partes.	§ 1º Para a inquirição das testemunhas arroladas pela defesa, o defensor do acusado formulará as perguntas antes do Ministério Público e do assistente, mantidos no mais a ordem e os critérios estabelecidos neste artigo. § 2º Os jurados poderão formular perguntas ao ofendido e às testemunhas, por intermédio do juiz presidente. § 3º As partes e os jurados poderão requerer acareações, reconhecimento de pessoas e coisas e esclarecimento dos peritos, bem como a leitura de peças que se refiram, exclusivamente, às provas colhidas por carta precatória e às provas cautelares, antecipadas ou não repetíveis.

✱ **O que mudou**

Após o formal *assim o prometo* dos jurados, começa a fase de instrução no plenário.

Serão ouvidos o ofendido (quando sua vida não tiver sido ceifada pelo crime, por exemplo, na tentativa de homicídio), as testemunhas de acusação e de defesa.

No caso das testemunhas de defesa, quem pergunta primeiro é o advogado. Para as testemunhas de acusação, o primeiro a perguntar é o promotor.

Até mesmo os jurados poderão, por intermédio do juiz presidente, formular questões para as pessoas ouvidas, o que é salutar para seu esclarecimento pessoal a respeito de algum fato.

O interrogatório que aparecia como primeiro ato de instrução, foi deslocado para o final, assim como na audiência do rito comum ordinário e sumário, reorganizadas pela Lei 11.719/2008.

Não há mais a previsão da insuportável e interminável leitura dos autos. Temos registro de julgamentos onde até mesmo as petições de juntada foram lidas. Imagine um processo com 12 volumes de 100 páginas cada. Só a leitura integral do processo já fazia o jurado questionar a inteligência do Tribunal.

Agora, a leitura será restrita às peças que se refiram, exclusivamente, às provas colhidas por carta precatória e às provas cautelares, antecipadas ou não repetíveis. A razão é óbvia: se as provas não serão repetidas na frente dos jurados, para assegurar a plena defesa eles devem ter acesso a esse material.

O § 3º prevê ainda a possibilidade dos jurados e as partes requerer acareações, reconhecimento de pessoas e coisas e esclarecimento dos peritos.

Como era	Como ficou
Art. 449. Apregoado o réu, e comparecendo, perguntar-lhe-á o juiz o nome, a idade e se tem advogado, nomeando-lhe curador, se for menor e não o tiver, e defensor, se maior. Em tal hipótese, o julgamento será adiado para o primeiro dia desimpedido. Art. 465. Em seguida, o presidente interrogará o réu pela forma estabelecida no Livro I, Título VII, Capítulo III, no que for aplicável.	Art. 474. A seguir será o acusado interrogado, se estiver presente, na forma estabelecida no Capítulo III do Título VII do Livro I deste Código, com as alterações introduzidas nesta Seção. § 1º O Ministério Público, o assistente, o querelante e o defensor, nessa ordem, poderão formular, diretamente, perguntas ao acusado. § 2º Os jurados formularão perguntas por intermédio do juiz presidente. § 3º Não se permitirá o uso de algemas no acusado durante o período em que permanecer no plenário do júri, salvo se absolutamente necessário à ordem dos trabalhos, à segurança das testemunhas ou à garantia da integridade física dos presentes.

✳ **O que mudou**

O réu será interrogado com base no interrogatório previsto no rito comum do CPP (arts. 185 a 196), com as substanciosas alterações trazidas pela Lei 10.792/2003.

Dispensável qualquer comentário a respeito da possibilidade do réu silenciar pois trata-se de direito constitucional, não podendo ser interpretado de forma negativa pelo juiz.

No júri, entretanto, quem decide o futuro do réu são os juízes leigos.

Existe um risco duplo nessa situação:

– para os juízes populares, valem os ditos populares. Para a maioria, quem cala consente. Assim, o silêncio do réu poderá sim ser interpretado de forma contrária aos interesses do acusado.

– o que assegura esse risco da análise negativa do silêncio do réu pelos jurados é a inexistência de motivação em suas decisões. Eles podem interpretar o silêncio de forma negativa e, ao responderem os quesitos apenas com a sua consciência, e na base do sim ou não, concretizar a idéia negativa que fizeram do réu e condená-lo.

Mesmo existindo proibição expressa à menção pejorativa ao silêncio do réu (art. 478 do CPP), como forma de auxiliar a defesa dos advogados, sugerimos que não instruam os seus clientes a utilizar seu direito ao silêncio no Tribunal do Júri, a menos que seja imprescindível e bem fundamentado pela defesa.

Sempre em busca do aprimoramento do contraditório e da redução máxima da figura do juiz inquisidor, o § 1º traz a permissão para o Ministério Público, o assistente, o querelante e o defensor, nessa ordem, formular, diretamente, perguntas ao acusado.

No caso dos jurados, as perguntas ainda devem passar pelo filtro do juiz presidente que, caso entenda impertinente a questão, poderá indeferi-las.

Não se permitirá o uso de algemas no acusado durante o período em que permanecer no plenário do júri. Como todo direito, este também comporta exceções. Se absolutamente necessário à ordem dos trabalhos, à segurança das testemunhas ou à garantia da integridade física dos presentes, o réu poderá permanecer algemado, mas a menção a esse fato é expressamente proibida pelo art. 478 do CPP.

Como era	Como ficou
Sem similar.	Art. 475. O registro dos depoimentos e do interrogatório será feito pelos meios ou recursos de gravação magnética, eletrônica, estenotipia ou técnica similar, destinada a obter maior fidelidade e celeridade na colheita da prova. Parágrafo único. A transcrição do registro, após feita a degravação, constará dos autos.

✳ **O que mudou**

O conteúdo dos depoimentos e do interrogatório será registrado pelos meios ou recursos de gravação magnética, eletrônica, estenotipia ou técnica similar, destinada a obter maior fidelidade e celeridade na colheita da prova.

A idéia é preservar a integridade e, se possível, todas as impressões pessoais e locais relacionados à colheita da prova oral.

A juntada de mídia digital no processo será de grade valia para um reexame pelo Tribunal da decisão dos jurados para verificar se foi manifestamente contrária à prova dos autos.

Desde a estenotipia e sua transcrição até a cópia integralmente digital gravada em CD e juntada ao processo, a tecnologia forense já é uma realidade em algumas comarcas e deve ser ampliada para agilizar a prestação jurisdicional e ampliar, de forma efetiva, a ampla defesa.

Como era	Como ficou
Art. 471. Terminada a inquirição das testemunhas o promotor lerá o libelo e os dispositivos da lei penal em que o réu se achar incurso, e produzirá a acusação. § 1º O assistente falará depois do promotor.	Seção XII Dos Debates Art. 476. Encerrada a instrução, será concedida a palavra ao Ministério Público, que fará a acusação, nos limites da pronúncia ou das decisões posteriores que julgaram admissível

Como era	Como ficou
§ 2° Sendo o processo promovido pela parte ofendida, o promotor falará depois do acusador particular, tanto na acusação como na réplica. Art. 472. Finda a acusação, o defensor terá a palavra para defesa. Art. 473. O acusador poderá replicar e a defesa treplicar, sendo admitida a reinquirição de qualquer das testemunhas já ouvidas em plenário. Art. 474. § 2° Havendo mais de um réu, o tempo para a acusação e para a defesa será, em relação a todos, acrescido de 1 (uma) hora e elevado ao dobro o da réplica e da tréplica, observado o disposto no parágrafo anterior.	a acusação, sustentando, se for o caso, a existência de circunstância agravante. § 1° O assistente falará depois do Ministério Público. § 2° Tratando-se de ação penal de iniciativa privada, falará em primeiro lugar o querelante e, em seguida, o Ministério Público, salvo se este houver retomado a titularidade da ação, na forma do art. 29 deste Código. § 3° Finda a acusação, terá a palavra a defesa. § 4° A acusação poderá replicar e a defesa treplicar, sendo admitida a reinquirição de testemunha já ouvida em plenário.

✳ **O que mudou**

A Seção XII cuida dos debates. Encerrada a instrução, será dada a palavra ao promotor e depois ao assistente, quando houver, para fazer a acusação nos limites da decisão de pronúncia.

Antes, os limites materiais da acusação eram fixados pelo libelo. Com a reforma, o libelo foi suprimido e a acusação estará atrelada ao que ficou estipulado como conduta típica, antijurídica e culpável na sentença de pronúncia.

Na ação penal privada, que no júri só ocorre na privada subsidiária da pública ou nos crimes conexos, fala em primeiro lugar o querelante. Se o MP retomou a ação penal nos termos do art. 29 do CPP, ele volta a ter a primeira palavra.

Encerrando os argumentos da acusação, o juiz dá a palavra à defesa.

Há ainda a previsão de réplica e tréplica e a possibilidade, prevista na lei, da reinquirição das testemunhas já ouvidas no plenário. Regra essa despicienda, pois o princípio da plenitude de defesa, previsto lá na Constituição, já asseguraria a nova oitiva, independente da previsão legal.

Entretanto, enquanto a Constituição figurar apenas como um ente abstrato ou um conjunto amplo de normas programáticas para alguns juízes, melhor aprovar uma lei com todas as nuances de defesa possível.

Um ponto polêmico precisa ser abordado:

O promotor pode pedir a absolvição?

A resposta para essa pergunta é afirmativa.

Limitar o representante a uma simples função de carrasco é desrespeitar a história, tradição e grandeza da Instituição Ministério Público. Um órgão que recebe a incumbência constitucional de zelar pela ordem democrática e vigência do ordenamento jurídico-constitucional e que luta para assegurar a tutela de bens jurídicos supra individuais não pode ser comparado a um simples acusador. Essa comparação nunca deveria ter sido feita.

Assim como o advogado, o Ministério Público também é uma função essencial da justiça, e não um simples acusador.

Nestes termos, qual seria a resposta para a questão da absolvição? Obviamente o promotor busca a verdade, e se o agente não foi o responsável pela prática da conduta, da mesma forma que pede a condenação pedirá a absolvição, sem nenhum impedimento.

Como era	Como ficou
Art. 474. O tempo destinado à acusação e à defesa será de 2 (duas) horas para cada um, e de meia hora a réplica e outro tanto para a tréplica. § 1º Havendo mais de um acusador ou mais de um defensor, combinarão entre si a distribuição do tempo, que, na falta de entendimento, será marcado pelo juiz, por forma que não sejam excedidos os prazos fixados neste artigo.	Art. 477. O tempo destinado à acusação e à defesa será de uma hora e meia para cada, e de uma hora para a réplica e outro tanto para a tréplica. § 1º Havendo mais de um acusador ou mais de um defensor, combinarão entre si a distribuição do tempo, que, na falta de acordo, será dividido pelo juiz presidente, de forma a não exceder o determinado neste artigo.

Como era	Como ficou
§ 2º Havendo mais de um réu, o tempo para a acusação e para a defesa será, em relação a todos, acrescido de 1 (uma) hora e elevado ao dobro o da réplica e da tréplica, observado o disposto no parágrafo anterior.	§ 2º Havendo mais de 1 (um) acusado, o tempo para a acusação e a defesa será acrescido de 1 (uma) hora e elevado ao dobro o da réplica e da tréplica, observado o disposto no § 1º deste artigo.

✳ **O que mudou**

Houve alteração no tempo dos debates. O anterior prazo de duas horas foi reduzido para uma hora e meia. Para compensar, a antiga meia hora para a réplica e a tréplica foi ampliada para uma hora. Ao todo, o tempo ficou igual, em duas horas e meia.

Havendo mais de um acusador ou mais de um defensor, a distribuição do tempo será combinada entre si e, na falta de acordo, será dividido de ofício pelo juiz presidente.

Um julgamento com 2 ou mais réus terá um tempo diferenciado. Ele será acrescido de 1 (uma) hora e elevado ao dobro o da réplica e da tréplica, para a acusação e para a defesa.

Como era	Como ficou
Sem similar.	Art. 478. Durante os debates as partes não poderão, sob pena de nulidade, fazer referências: I – à decisão de pronúncia, às decisões posteriores que julgaram admissível a acusação ou à determinação do uso de algemas como argumento de autoridade que beneficiem ou prejudiquem o acusado; II – ao silêncio do acusado ou à ausência de interrogatório por falta de requerimento, em seu prejuízo.

✳ **O que mudou**

Esta inovação, para ser bem compreendida, exigirá certo esforço de interpretação pelo jurista.

À primeira vista, pode parecer impossível para a acusação, durante os debates, não mencionar a pronúncia. Entretanto, se interpretado de forma teleológica, ao invés da literalidade, a preocupação da lei torna-se evidente e passa a fazer sentido.

O acusado está sendo processado pela prática de crime doloso contra a vida. Deverá se defender única e exclusivamente dos fatos. Deverá contraditar as provas.

Assim, a menção ao fato de o juiz ter pronunciado o réu, o uso das algemas (como se fosse opção do acusado usá-las), o silêncio do réu, são situações que, se manipuladas pela boa oratória do acusador, podem levar os jurados a condenar o réu por essas razões, e não pela prática do crime concreto submetido a julgamento.

Cabe ao juiz presidente, de ofício, ou a requerimento da parte prejudicada solicitar a consignação do desrespeito à regra legal em ata para futura alegação de nulidade caso haja prejuízo.

Como era	Como ficou
Art. 475. Durante o julgamento não será permitida a produção ou leitura de documento que não tiver sido comunicado à parte contrária, com antecedência, pelo menos, de 3 (três) dias, compreendida nessa proibição a leitura de jornais ou qualquer escrito, cujo conteúdo versar sobre matéria de fato constante do processo.	Art. 479. Durante o julgamento não será permitida a leitura de documento ou a exibição de objeto que não tiver sido juntado aos autos com a antecedência mínima de 3 (três) dias úteis, dando-se ciência à outra parte. Parágrafo único. Compreende-se na proibição deste artigo a leitura de jornais ou qualquer outro escrito, bem como a exibição de vídeos, gravações, fotografias, laudos, quadros, croqui ou qualquer outro meio assemelhado, cujo conteúdo versar sobre a matéria de fato submetida à apreciação e julgamento dos jurados.

* O que mudou

A regra que impede surpresas probatórias sem respeitar uma antecedência mínima de 3 dias foi mantida.

Agora não basta a ciência à parte contrária, a lei ainda menciona a juntado aos autos.

Compreende-se na proibição de utilização de material probatório previsto no *caput* a leitura de jornais ou qualquer outro escrito, bem como a exibição de vídeos, gravações, fotografias, laudos, quadros, croqui ou qualquer outro meio assemelhado, *cujo conteúdo versar sobre a matéria de fato* submetida à apreciação e julgamento dos jurados.

Parece-nos que essa regra deve comportar flexibilização quando o material probatório for relevante e surgir após o prazo limite previsto no *caput*. Um artigo de lei ordinária não tem força suficiente para mitigar a amplitude do princípio da plenitude de defesa. Vale a busca pela verdade e pela justiça, e não a preservação da surpresa na instrução.

Ficará, então, a critério do juiz presidente fazer a seguinte escolha: ou aceita o documento e flexibiliza a regra deste artigo ou dissolve o Conselho de Sentença para permitir a juntada e respeitar a regra do 479 do CPP.

Como era	Como ficou
Art. 478. Concluídos os debates, o juiz indagará dos jurados se estão habilitados a julgar ou se precisam de mais esclarecimentos. Parágrafo único. Se qualquer dos jurados necessitar de novos esclarecimentos sobre questão de fato, o juiz os dará, ou mandará que o escrivão os dê, à vista dos autos.	Art. 480. A acusação, a defesa e os jurados poderão, a qualquer momento e por intermédio do juiz presidente, pedir ao orador que indique a folha dos autos onde se encontra a peça por ele lida ou citada, facultando-se, ainda, aos jurados solicitar-lhe, pelo mesmo meio, o esclarecimento de fato por ele alegado. § 1º Concluídos os debates, o presidente indagará dos jurados se estão habilitados a julgar ou se necessitam de outros esclarecimentos. § 2º Se houver dúvida sobre questão de fato, o presidente prestará esclarecimentos à vista dos autos. § 3º Os jurados, nesta fase do procedimento, terão acesso aos autos e aos instrumentos do crime se solicitarem ao juiz presidente.

※ **O que mudou**

Os debates tem como objetivo o esclarecimento dos fatos para o convencimento dos jurados.

Por essa razão, a acusação, a defesa e os jurados poderão, a qualquer momento e por intermédio do juiz presidente, que fará o controle dos requerimentos, pedir ao orador que indique a folha dos autos onde se encontra a peça por ele lida ou citada, facultando-se, ainda, aos jurados solicitar-lhe, pelo mesmo meio, o esclarecimento de fato por ele alegado.

Ao final dos debates, o juiz indagará aos jurados se estão habilitados a julgar naquele momento ou se necessitam de esclarecimentos adicionais para concluir seu convencimento. Se houver dúvida sobre questão de fato, o presidente prestará esclarecimentos à vista dos autos. Nesta fase, os jurados terão acesso aos autos e aos instrumentos do crime, desde que solicitem a imediata vista ao juiz presidente.

Como era	Como ficou
Art. 477. Se a verificação de qualquer fato, reconhecida essencial para a decisão da causa, não puder ser realizada imediatamente, o juiz dissolverá o conselho, formulando com as partes, desde logo, os quesitos para as diligências necessárias.	Art. 481. Se a verificação de qualquer fato, reconhecida como essencial para o julgamento da causa, não puder ser realizada imediatamente, o juiz presidente dissolverá o Conselho, ordenando a realização das diligências entendidas necessárias. Parágrafo único. Se a diligência consistir na produção de prova pericial, o juiz presidente, desde logo, nomeará perito e formulará quesitos, facultando às partes também formulá-los e indicar assistentes técnicos, no prazo de 5 (cinco) dias.

※ **O que mudou**

A antiga regra prevista no art. 477 do CPP foi melhor explicada e subdividida no *caput* e no parágrafo único.

Se o juiz decidir que a verificação de qualquer fato, reconhecida como essencial para o julgamento da causa, não puder ser realizada imediatamente, dissolverá o Conselho de Sentença e ordenará a realização das diligências necessárias.

Caso a diligência esteja relacionada com a produção de prova pericial, o juiz presidente, seguindo o disposto no parágrafo único, nomeará um perito e formulará os quesitos, dando oportunidade às partes para também formulá-los e indicar assistentes técnicos, no prazo de 5 (cinco) dias.

Como era	Como ficou
Sem similar.	Seção XIII Do Questionário e sua Votação Art. 482. O Conselho de Sentença será questionado sobre matéria de fato e se o acusado deve ser absolvido. Parágrafo único. Os quesitos serão redigidos em proposições afirmativas, simples e distintas, de modo que cada um deles possa ser respondido com suficiente clareza e necessária precisão. Na sua elaboração, o presidente levará em conta os termos da pronúncia ou das decisões posteriores que julgaram admissível a acusação, do interrogatório e das alegações das partes.

✱ **O que mudou**

A Lei 11.689/2008 veio para facilitar a votação pelos jurados.

Preocupou-se a lei com a simplificação dos quesitos, tanto em quantidade quanto na sua redação.

Os quesitos serão redigidos de forma simples, de modo que cada um possa ser respondido com total facilidade pelos jurados.

A preocupação foi salutar, pois o jurado não se preocupará mais em entender o que está acontecendo em sua volta, e sim com a sua consciência a respeito do crime que está sendo apurado e sua autoria.

O responsável pela elaboração dos quesitos será o juiz presidente. Na sua elaboração, levará em conta todos os pontos relevantes mencionados na pronúncia, na decisão do Tribunal que determina a ida do processo para a segunda fase do júri, no interrogatório e nas alegações das partes, respeitado os limites objetivos dos quesitos previstos no novo art. 483 do CPP.

Como era	Como ficou
Art. 484. Os quesitos serão formulados com observância das seguintes regras: I – o primeiro versará sobre o fato principal, de conformidade com o libelo; II – se entender que alguma circunstância, exposta no libelo, não tem conexão essencial com o fato ou é dele separável, de maneira que este possa existir ou subsistir sem ela, o juiz desdobrará o quesito em tantos quantos forem necessários; III – se o réu apresentar, na sua defesa, ou alegar, nos debates, qualquer fato ou circunstância que por lei isente de pena ou exclua o crime, ou o desclassifique, o juiz formulará os quesitos correspondentes, imediatamente depois dos relativos ao fato principal, inclusive os relativos ao excesso doloso ou culposo quando reconhecida qualquer excludente de ilicitude; IV – se for alegada a existência de causa que determine aumento de pena em quantidade fixa ou dentro de determinados limites, ou de causa que determine ou faculte diminuição de pena, nas mesmas condições, o juiz formulará os quesitos correspondentes a cada uma das causas alegadas; V – se forem um ou mais réus, o juiz formulará tantas séries de quesitos quantos forem eles. Também serão formuladas séries distintas, quando diversos os pontos de acusação; VI – quando o juiz tiver que fazer diferentes quesitos, sempre os formu-	Art. 483. Os quesitos serão formulados na seguinte ordem, indagando sobre: I – a materialidade do fato; II – a autoria ou participação; III – se o acusado deve ser absolvido; IV – se existe causa de diminuição de pena alegada pela defesa; V – se existe circunstância qualificadora ou causa de aumento de pena reconhecidas na pronúncia ou em decisões posteriores que julgaram admissível a acusação. § 1º A resposta negativa, de mais de 3 (três) jurados, a qualquer dos quesitos referidos nos incisos I e II do caput deste artigo encerra a votação e implica a absolvição do acusado. § 2º Respondidos afirmativamente por mais de 3 (três) jurados os quesitos relativos aos incisos I e II do caput deste artigo será formulado quesito com a seguinte redação: O jurado absolve o acusado? § 3º Decidindo os jurados pela condenação, o julgamento prossegue, devendo ser formulados quesitos sobre: I – causa de diminuição de pena alegada pela defesa; II – circunstância qualificadora ou causa de aumento de pena, reconhecidas na pronúncia ou em decisões posteriores que julgaram admissível a acusação. § 4º Sustentada a desclassificação da infração para outra de competência do juiz singular, será formulado quesito a respeito, para ser respondido

Como era	Como ficou
lará em proposições simples e bem distintas, de maneira que cada um deles possa ser respondido com suficiente clareza. Parágrafo único. Serão formulados quesitos relativamente às circunstâncias agravantes e atenuantes, previstas nos arts. 44, 45 e 48 do Código Penal, observado o seguinte: I – para cada circunstância agravante, articulada no libelo, o juiz formulará um quesito; II – se resultar dos debates o conhecimento da existência de alguma circunstância agravante, não articulada no libelo, o juiz, a requerimento do acusador, formulará o quesito a ela relativo; III – o juiz formulará, sempre, um quesito sobre a existência de circunstâncias atenuantes, ou alegadas; IV – se o júri afirmar a existência de circunstâncias atenuantes, o juiz o questionará a respeito das que lhe parecerem aplicáveis ao caso, fazendo escrever os quesitos respondidos afirmativamente, com as respectivas respostas.	após o 2º (segundo) ou 3º (terceiro) quesito, conforme o caso. § 5º Sustentada a tese de ocorrência do crime na sua forma tentada ou havendo divergência sobre a tipificação do delito, sendo este da competência do Tribunal do Júri, o juiz formulará quesito acerca destas questões, para ser respondido após o segundo quesito. § 6º Havendo mais de um crime ou mais de um acusado, os quesitos serão formulados em séries distintas.

✳ **O que mudou**

Basta uma simples leitura da redação antiga sobre os quesitos e do atual tratamento dado ao tema para verificar que a tendência do legislador foi simplificar a votação.

O art. 483 traz regras muito simples e a previsão de 5 quesitos:

I – a materialidade do fato;

II – a autoria ou participação;

III – se o acusado deve ser absolvido;

IV – se existe causa de diminuição de pena alegada pela defesa;

V – se existe circunstância qualificadora ou causa de aumento de pena.

Se a resposta de 4 jurados ao quesito sobre a materialidade do fato (inciso I) for negativa, ou seja, não está provada a materialidade do delito, o réu deverá ser absolvido pela atipicidade do fato.

Se a resposta de 4 jurados ao quesito sobre a autoria (inciso II) for negativa, ou seja, não está provado que o réu foi o responsável pela prática da conduta descrita na pronúncia, o réu deverá ser absolvido pela negativa da autoria.

O § 2º traz até a pergunta que deverá ser feita aos jurados no caso de respostas positivas para os dois primeiros quesitos: *o jurado absolve o acusado?*

Essa simplificação exigirá do defensor certa cautela durante os debates orais. Diferentes teses de defesa não poderão ser questionadas de forma isolada no momento da votação dos quesitos. A pergunta será uma só. Os jurados deverão ter em mente o foco das teses defensivas que o levaram a concluir pela inocência do acusado para responderem a essa questão afirmativamente.

Decidindo os jurados pela condenação, o julgamento não será encerrado pelo juiz. Deverão ser formulados, em seguida quesitos sobre causas de diminuição de pena, quando alegadas pela defesa em plenário; circunstâncias qualificadoras ou causas de aumento de pena, reconhecidas na pronúncia ou em decisões posteriores que julgaram admissível a acusação.

Quesito a respeito da desclassificação pelo reconhecimento da ausência de dolo (*animus necandi*) também será feita e, caso reconhecida pelos jurados, o próprio juiz togado julgará o delito em apreço.

A tentativa também deverá ser quesitada, além de outras divergências relacionadas à tipificação do delito.

Cada crime conexo será julgado com uma série exclusiva de quesitos, facilitando o raciocínio dos juízes leigos e assegurando a plena defesa, ao menos em seu aspecto formal.

Como era	Como ficou
Art. 479. Em seguida, lendo os quesitos, e explicando a significação legal de cada um, o juiz indagará das partes se têm requerimento ou reclamação que fazer, devendo constar da ata qualquer requerimento ou reclamação não atendida.	Art. 484. A seguir, o presidente lerá os quesitos e indagará das partes se têm requerimento ou reclamação a fazer, devendo qualquer deles, bem como a decisão, constar da ata. Parágrafo único. Ainda em plenário, o juiz presidente explicará aos jurados o significado de cada quesito.

✼ **O que mudou**

O art. 484 traz mais duas obrigações para o juiz presidente: a leitura dos quesitos e a explicação sobre seu conteúdo.

O juiz lerá os quesitos em plenário, respeitando o princípio da publicidade. Somente com a anuência das partes os quesitos serão considerados definitivos. Havendo reclamação, compete ao juiz decidir de plano a respeito da reclamação, sendo a sua decisão consignada na ata de julgamento.

Antes das pessoas elencadas no rol do *caput* do art. 485 seguirem para a sala secreta, ainda em plenário o juiz presidente explicará para os jurados o significado de cada quesito.

Essa explicação deve ser concisa e, nem de longe, pode passar perto de qualquer valoração do juiz togado a respeito do resultado do julgamento. As suas impressões devem ser guardadas, nunca poderão ser manifestadas para não interferir no resultado do julgamento.

Espera-se do juiz presidente certa habilidade para explicar, da forma mais simples e plenamente imparcial, o conteúdo de cada questão que será apresentada aos jurados na sala secreta.

Como era	Como ficou
Art. 480. Lidos os quesitos, o juiz anunciará que se vai proceder ao julgamento, fará retirar o réu e convidará os circunstantes a que deixem a sala.	Art. 485. Não havendo dúvida a ser esclarecida, o juiz presidente, os jurados, o Ministério Público, o assistente, o querelante, o defensor do acusado, o escrivão e o oficial de

Como era	Como ficou
Art. 483. O juiz não permitirá que os acusadores ou os defensores perturbem a livre manifestação do conselho, e fará retirar da sala aquele que se portar inconvenientemente, impondo-lhe multa, de duzentos a quinhentos mil-réis.	justiça dirigir-se-ão à sala especial a fim de ser procedida a votação. § 1º Na falta de sala especial, o juiz presidente determinará que o público se retire, permanecendo somente as pessoas mencionadas no caput deste artigo. § 2º O juiz presidente advertirá as partes de que não será permitida qualquer intervenção que possa perturbar a livre manifestação do Conselho e fará retirar da sala quem se portar inconvenientemente.

※ **O que mudou**

A sala secreta: não restando dúvidas a respeito de fato relevante pendente de esclarecimento, seguirão para a sala secreta (onde houver) o juiz presidente, os jurados, o Ministério Público, o assistente, o querelante, o defensor do acusado, o escrivão e o oficial de justiça.

Nesta sala especial, longe do público, o juiz abrirá os trabalhos de votação.

O § 1º responde uma pergunta muito comum entre os operadores do direito que trabalham em fóruns pelo país sem a chamada sala secreta. A falta de estrutura e investimentos no Poder Judiciário obriga o legislador a suprir essa lacuna orçamentária apresentando uma solução pragmática para o problema. Retira-se o público da sala de audiência, permanecendo somente as pessoas elencadas na cabeça do artigo.

Há ainda previsão para o juiz presidente advertir as partes sobre a vedação a qualquer manifestação capaz de perturbar a livre manifestação dos 7 jurados e a conseqüência disso será a retirada da pessoa inconveniente da sala secreta ou da sala que estiver servindo como tal.

Espera-se que o magistrado tenha certa flexibilidade e habilidade para conduzir os trabalhos sem que opte pela expulsão de alguma das partes durante a votação. A regra do § 2º deve ser utilizada com cautela.

Como era	Como ficou
Art. 485. Antes de proceder-se à votação de cada quesito, o juiz mandará distribuir pelos jurados pequenas cédulas, feitas de papel opaco e facilmente dobráveis, contendo umas a palavra *sim* e outras a palavra *não*, a fim de, secretamente, serem recolhidos os votos.	Art. 486. Antes de proceder-se à votação de cada quesito, o juiz presidente mandará distribuir aos jurados pequenas cédulas, feitas de papel opaco e facilmente dobráveis, contendo 7 (sete) delas a palavra *sim*, 7 (sete) a palavra *não*.

✳ **O que mudou**

Os 14 papéis opacos dobráveis: cada jurado receberá 2 papéis opacos, totalizando 14 cédulas.

A lei descreve com minúcias as cédulas de votação, afirmando que deverão ser facilmente dobráveis, como já estava previsto no antigo art. 485 do CPP. Necessário a dobra para impedir que outro jurado, o escrivão, a acusação, a defesa ou o juiz presidente tenham acesso ao conteúdo do voto. Esta é mais uma regra que visa preservar o sigilo das votações.

7 cédulas conterão a palavra *sim* e 7 cédulas conterão a inscrição *não*.

É com base nestas duas palavras que o jurado decide se o réu será absolvido ou condenado.

Respondendo a cada quesito proposto, as cédulas com a afirmação e a negativa serão dobradas (ambas) e depositadas em diferentes urnas simultaneamente. Antes da leitura das respostas, nenhum jurado poderá ter em mãos nenhuma cédula, como se verá nos comentários ao artigo seguinte.

Como era	Como ficou
Art. 486. Distribuídas as cédulas, o juiz lerá o quesito que deva ser respondido e um oficial de justiça recolherá as cédulas com os votos dos jurados, e outro, as cédulas não utilizadas. Cada um dos oficiais apre-	Art. 487. Para assegurar o sigilo do voto, o oficial de justiça recolherá em urnas separadas as cédulas correspondentes aos votos e as não utilizadas.

Como era	Como ficou
sentará, para esse fim, aos jurados, uma urna ou outro receptáculo que assegure o sigilo da votação.	

* **O que mudou**

O princípio constitucional do sigilo das votações também mantém-se preservado com o rito de coleta dos votos dos jurados.

Para assegurar o sigilo do voto, diz a lei, o oficial de justiça recolherá em urnas separadas as cédulas correspondentes aos votos e as não utilizadas.

Desta forma, nenhum jurado, ao final da votação do quesito, terá em mãos as cédulas. Todas estarão depositadas nas urnas separadas.

Como era	Como ficou
Art. 487. Após a votação de cada quesito, o presidente, verificados os votos e as cédulas não utilizadas, mandará que o escrivão escreva o resultado em termo especial e que sejam declarados o número de votos afirmativos e o de negativos.	Art. 488. Após a resposta, verificados os votos e as cédulas não utilizadas, o presidente determinará que o escrivão registre no termo a votação de cada quesito, bem como o resultado do julgamento. Parágrafo único. Do termo também constará a conferência das cédulas não utilizadas:

* **O que mudou**

O termo de votação será preenchido pelo escrivão, quesito a quesito.

O preenchimento será obrigatório com os votos e as cédulas não utilizadas, para aferir a totalidade dos 7 votos por quesito.

Após a votação ser encerrada e todos os quesitos formulados terem sido respondidos, o resultado final do julgamento também será incluído no termo de votação.

O termo é o documento que comprova a licitude e legitimidade do julgamento. É a representação documental da decisão dos juízes leigos.

Em caso de condenação, somente após lavrado o termo é que o juiz togado poderá quantificar a pena. Ele não tem competência para a fixação do *quantum* da pena antes da formalização da vontade do Conselho de Sentença.

Como era	Como ficou
Art. 488. As decisões do júri serão tomadas por maioria de votos.	Art. 489. As decisões do Tribunal do Júri serão tomadas por maioria de votos.

✳ **O que mudou**

Ao contrário do tribunal do júri norte-americano, as decisões do tribunal do Júri no Brasil são tomadas por maioria.

Não se exige a unanimidade para o encerramento dos trabalhos. Basta o 4.º dos 7 votos direcionados para uma mesma resposta (sim ou não), e o juiz já pode considerar o quesito respondido e, se estiver vinculado à absolvição do réu, encerrar a votação.

Como era	Como ficou
Art. 489. Se a resposta a qualquer dos quesitos estiver em contradição com outra ou outras já proferidas, o juiz, explicando aos jurados em que consiste a contradição, submeterá novamente à votação os quesitos a que se referirem tais respostas. Art. 490. Se, pela resposta dada a qualquer dos quesitos, o juiz verificar que ficam prejudicados os seguintes, assim o declarará, dando por finda a votação.	Art. 490. Se a resposta a qualquer dos quesitos estiver em contradição com outra ou outras já dadas, o presidente, explicando aos jurados em que consiste a contradição, submeterá novamente à votação os quesitos a que se referirem tais respostas. Parágrafo único. Se, pela resposta dada a um dos quesitos, o presidente verificar que ficam prejudicados os seguintes, assim o declarará, dando por finda a votação.

✳ **O que mudou**

Temos duas situações distintas no art. 490: a contradição entre as respostas dos quesitos e a prejudicialidade entre eles.

O problema da contradição será resolvido da seguinte forma:

– o juiz identifica os quesitos contraditórios;

– o juiz apresenta a contradição aos jurados e submete o ponto nevrálgico da contradição à nova votação.

Quanto à prejudicialidade, se a resposta a um dos quesitos tornar prejudicada a realização dos subseqüentes, o juiz presidente declara encerrada a votação.

Para analisar se uma resposta torna as demais prejudicadas, o juiz deve ter bom senso e conhecimento dos fatos e do direito.

Como era	Como ficou
Art. 491. Finda a votação, será o termo a que se refere o art. 487 assinado pelo juiz e jurados.	Art. 491. Encerrada a votação, será o termo a que se refere o art. 488 deste Código assinado pelo presidente, pelos jurados e pelas partes.

∗ **O que mudou**

O termo de votação será assinado pelo juiz presidente, pelos 7 jurados que participaram da votação e pelas partes.

A assinatura das partes é requisito de validade e legitimidade do termo. A ausência, por exemplo, de assinatura da defesa, vicia o termo com nulidade absoluta, sanada por *habeas corpus* com pedido de liminar.

Como era	Como ficou
Art. 492. Em seguida, o juiz lavrará a sentença, com observância do seguinte: I – no caso de condenação, terá em vista as circunstâncias agravantes ou atenuantes reconhecidas pelo júri, e atenderá, quanto ao mais, ao disposto nos ns. II a VI do art. 387; II – no caso de absolvição:	Seção XIV Da sentença Art. 492. Em seguida, o presidente proferirá sentença que: I – no caso de condenação: a) fixará a pena-base; b) considerará as circunstâncias agravantes ou atenuantes alegadas nos debates;

Como era	Como ficou
a) mandará pôr o réu em liberdade, se afiançável o crime, ou desde que tenha ocorrido a hipótese prevista no art. 316, ainda que inafiançável; b) ordenará a cessação das interdições de direitos que tiverem sido provisoriamente impostas; c) aplicará medida de segurança, se cabível. § 1º Se, pela resposta a quesito formulado aos jurados, for reconhecida a existência de causa que faculte diminuição da pena, em quantidade fixa ou dentro de determinados limites, ao juiz ficará reservado o uso dessa faculdade. § 2º Se for desclassificada a infração para outra atribuída à competência do juiz singular, ao presidente do tribunal caberá proferir em seguida a sentença.	c) imporá os aumentos ou diminuições da pena, em atenção às causas admitidas pelo júri; d) observará as demais disposições do art. 387 deste Código; e) mandará o acusado recolher-se ou recomendá-lo-á à prisão em que se encontra, se presentes os requisitos da prisão preventiva; f) estabelecerá os efeitos genéricos e específicos da condenação; II – no caso de absolvição: a) mandará colocar em liberdade o acusado se por outro motivo não estiver preso; b) revogará as medidas restritivas provisoriamente decretadas; c) imporá, se for o caso, a medida de segurança cabível. § 1º Se houver desclassificação da infração para outra, de competência do juiz singular, ao presidente do Tribunal do Júri caberá proferir sentença em seguida, aplicando-se, quando o delito resultante da nova tipificação for considerado pela lei como infração penal de menor potencial ofensivo, o disposto nos arts. 69 e seguintes da Lei 9.099, de 26 de setembro de 1995. § 2º Em caso de desclassificação, o crime conexo que não seja doloso contra a vida será julgado pelo juiz presidente do Tribunal do Júri, aplicando-se, no que couber, o disposto no § 1º deste artigo.

✳ **O que mudou**

O art. 492 trata da sentença proferida pelo juiz presidente no final da sessão de instrução e julgamento.

Essa sentença poderá ser absolutória ou condenatória.

A absolvição vem regulamentada no inciso II. Neste caso, o juiz mandará colocar em liberdade o acusado se por outro motivo não estiver preso; revogará as medidas restritivas cautelarmente decretadas; se for caso de medida de segurança, imporá a sentença absolutória imprópria.

Quando o júri decidir pela condenação (inciso I), o juiz presidente fixará a pena-base, com base no art. 59 do Código Penal; levará em consideração as circunstâncias agravantes ou atenuantes alegadas nos debates; imporá os aumentos ou diminuições da pena; mandará o acusado recolher-se ou recomendá-lo-á à prisão em que se encontra, se presentes os requisitos da prisão preventiva; e estabelecerá os efeitos genéricos e específicos da condenação (arts. 91 e 92 do CP).

Especial destaque para a alínea *e* do inciso I deste artigo. Mesmo em caso de condenação recorrível, a prisão não é automática. Ainda estamos antes do trânsito em julgado da sentença penal condenatória e, portanto, qualquer prisão, mesmo a decorrente de sentença em plenário do júri, é de natureza cautelar. Não tem relação com o mérito. Assim, se ausentes as hipóteses da prisão preventiva (art. 312 do CPP), o réu será mantido ou colocado em liberdade.

Outra importante observação: pena não é sinônimo de prisão.

Os §§ 1º e 2º cuidam da desclassificação pelos jurados. Importante destacar a diferença entre essa desclassificação e a presente no art. 419 do CPP. Nesta, a desclassificação ocorre antes do final da primeira fase do júri e, por isso, será decidida pelo juiz togado e remetido o processo ao juízo competente. Agora, nesta fase, a desclassificação dar-se-á pelos jurados, na respostas dos quesitos. Ao responder negativamente para o quesito sobre a 'intenção de matar', automaticamente ocorre a desclassificação. Por estarmos na segunda fase do júri, será o próprio juiz presidente que decidirá sobre a condenação, agora fundamentada (art. 93, IX da CF), salvo em uma hipótese: se o delito resultante da nova tipificação for considerado pela lei como infração penal de menor potencial ofensivo. Neste caso, os autos serão remetidos aos juizados especiais.

Ressalva: mesmo as infrações penais cuja pena máxima prevista em abstrato não seja superior a 2 anos, o juizado não será competente em duas hipóteses:

– o art. 41 da Lei 11.340/2006 – Lei Maria da Penha exclui da competência dos juizados o processamento das infrações praticadas com violência contra a mulher;

– o novo § 1º do art. 291 do Código de Trânsito brasileiro, com redação trazida pela Lei 11.705/2008: "§ 1º Aplica-se aos crimes de trânsito de lesão corporal culposa o disposto nos arts. 74, 76 e 88 da Lei 9.099, de 26 de setembro de 1995, exceto se o agente estiver: I – sob a influência de álcool ou qualquer outra substância psicoativa que determine dependência; II – participando, em via pública, de corrida, disputa ou competição automobilística, de exibição ou demonstração de perícia em manobra de veículo automotor, não autorizada pela autoridade competente; III – transitando em velocidade superior à máxima permitida para a via em 50 km/h (cinqüenta quilômetros por hora)."

Como era	Como ficou
Art. 493. A sentença será fundamentada, salvo quanto às conclusões que resultarem das respostas aos quesitos, e lida pelo juiz, de público, antes de encerrada a sessão do julgamento.	Art. 493. A sentença será lida em plenário pelo presidente antes de encerrada a sessão de instrução e julgamento.

* O que mudou

O art. 493 manteve a leitura da sentença em plenário pelo juiz presidente, antes do encerramento da sessão de julgamento.

Exclui-se a referência à necessidade da fundamentação, pois compete ao juiz presidente apenas a dosimetria da pena. A decisão sobre a absolvição ou condenação é de competência exclusiva dos juízes leigos e não será fundamentada. Será construída pela maioria com base apenas nas respostas sim ou não para cada quesito.

Como era	Como ficou
Art. 494. De cada sessão de julgamento o escrivão lavrará ata, assinada pelo juiz e pelo órgão do Ministério Público.	Seção XV Da Ata dos Trabalhos Art. 494. De cada sessão de julgamento o escrivão lavrará ata, assinada pelo presidente e pelas partes.

✳ **O que mudou**

A última Seção cuida da elaboração da ata de julgamento.

Documento processual de suma importância, nela constam as principais informações e incidentes ocorridos durante o julgamento no plenário.

Cada sessão de julgamento terá uma ata correspondente.

Além da assinatura do juiz, as partes também deverão firmar o documento, uniformizando a aceitação da forma como a ata foi lavrada.

Assinarão a ata o juiz, o defensor, o acusado (se presente), o representante do Ministério Público e o assistente, se presente.

O conteúdo da ata será estudado no próximo artigo.

Como era	Como ficou
Art. 495. A ata descreverá fielmente todas as ocorrências e mencionará especialmente: I – a data e a hora da instalação dos trabalhos; II – o magistrado que a presidiu e os jurados presentes; III – os jurados que deixarem de comparecer, com escusa legítima ou sem ela, e os ofícios e requerimentos a respeito apresentados e arquivados; IV – os jurados dispensados e as multas impostas; V – o sorteio dos suplentes; VI – o adiamento da sessão, se houver ocorrido, com a declaração do motivo; VII – a abertura da sessão e a presença do órgão do Ministério Público; VIII – o pregão das partes e das testemunhas, o seu comparecimento, ou não, e as penas impostas às que faltaram;	Art. 495. A ata descreverá fielmente todas as ocorrências, mencionando obrigatoriamente: I – a data e a hora da instalação dos trabalhos; II – o magistrado que presidiu a sessão e os jurados presentes; III – os jurados que deixaram de comparecer, com escusa ou sem ela, e as sanções aplicadas; IV – o ofício ou requerimento de isenção ou dispensa; V – o sorteio dos jurados suplentes; VI – o adiamento da sessão, se houver ocorrido, com a indicação do motivo; VII – a abertura da sessão e a presença do Ministério Público, do querelante e do assistente, se houver, e a do defensor do acusado; VIII – o pregão e a sanção imposta, no caso de não comparecimento;

Como era	Como ficou
IX – as testemunhas dispensadas de depor; X – o recolhimento das testemunhas a lugar de onde não pudessem ouvir os debates, nem as respostas umas das outras; XI – a verificação das cédulas pelo juiz; XII – a formação do conselho de sentença, com indicação dos nomes dos jurados sorteados e das recusas feitas pelas partes; XIII – o compromisso, simplesmente com referência ao termo; XIV – o interrogatório, também com a simples referência ao termo; XV – o relatório e os debates orais; XVI – os incidentes; XVII – a divisão da causa; XVIII – a publicação da sentença, na presença do réu, a portas abertas.	IX – as testemunhas dispensadas de depor; X – o recolhimento das testemunhas a lugar de onde umas não pudessem ouvir o depoimento das outras; XI – a verificação das cédulas pelo juiz presidente; XII – a formação do Conselho de Sentença, com o registro dos nomes dos jurados sorteados e recusas; XIII – o compromisso e o interrogatório, com simples referência ao termo; XIV – os debates e as alegações das partes com os respectivos fundamentos; XV – os incidentes; XVI – o julgamento da causa; XVII – a publicidade dos atos da instrução plenária, das diligências e da sentença.

* **O que mudou**

O art. 495 traz um extenso rol de todas as informações que devem constar da obrigatória ata (art. 494).

A ausência de qualquer dos itens arrolados na lei acarreta nulidade relativa. A parte deverá pedir a nulidade, que não será declarada de ofício, e provar o respectivo prejuízo. Afinal, *pas de nulité sans grief*.

Entendimento contrário iria de encontro ao novo espírito célere do sistema do júri.

Como era	Como ficou
Art. 496. A falta da ata sujeita o responsável a multa, de duzentos a quinhentos mil-réis, além da responsabilidade criminal em que incorrer.	Art. 496. A falta da ata sujeitará o responsável a sanções administrativa e penal.

✳ O que mudou

A ata de julgamento, documento escrito contendo as informações relevantes que aconteceram no decorrer dos trabalhos no plenário do júri, é de feitura obrigatória, nos moldes já apresentados no art. 494 do CPP.

A sua não preparação pelo escrivão acarreta conseqüência jurídicas administrativas e penais.

A dúvida que surge é: qual a conseqüência penal da não feitura da ata pelo escrivão? E porque um escrivão de justiça deixaria de elaborar a ata de forma dolosa? Que tipo de interesses poderia ter e quem ganharia com a sua não realização? São questões que, talvez pela sua generalização, não cheguem a ser respondidas.

A apuração administrativa correrá normalmente e, após devido processo administrativo amparado com defesa e contraditório, havendo condenação pela inobservância de regra legal, o funcionário será punido nos termos de seu regulamento funcional, anotando-se em seu prontuário funcional a respectiva falta.

Como era	Como ficou
Art. 497. São atribuições do presidente do Tribunal do Júri, além de outras expressamente conferidas neste Código: I – regular a polícia das sessões e mandar prender os desobedientes; II – requisitar o auxílio da força pública, que ficará sob sua exclusiva autoridade; III – regular os debates; IV – resolver as questões incidentes, que não dependam da decisão do júri; V – nomear defensor ao réu, quando o considerar indefeso, podendo, neste caso, dissolver o conselho, marcado novo dia para o julgamento e nomeado outro defensor;	Seção XVI Das Atribuições do Presidente do Tribunal do Júri Art. 497. São atribuições do juiz presidente do Tribunal do Júri, além de outras expressamente referidas neste Código: I – regular a polícia das sessões e prender os desobedientes; II – requisitar o auxílio da força pública, que ficará sob sua exclusiva autoridade; III – dirigir os debates, intervindo em caso de abuso, excesso de linguagem ou mediante requerimento de uma das partes;

Como era	Como ficou
VI – mandar retirar da sala o réu que, com injúrias ou ameaças, dificultar o livre curso do julgamento, prosseguindo-se independentemente de sua presença; VII – suspender a sessão pelo tempo indispensável à execução de diligências requeridas ou julgadas necessárias, mantida a incomunicabilidade dos jurados; VIII – interromper a sessão por tempo razoável, para repouso ou refeição dos jurados; IX – decidir de ofício, ouvidos o Ministério Público e a defesa, ou a requerimento de qualquer das partes, a preliminar da extinção da punibilidade; X – resolver as questões de direito que se apresentarem no decurso do julgamento; XI – ordenar de ofício, ou a requerimento das partes ou de qualquer jurado, as diligências destinadas a sanar qualquer nulidade, ou a suprir falta que prejudique o esclarecimento da verdade.	IV – resolver as questões incidentes que não dependam de pronunciamento do júri; V – nomear defensor ao acusado, quando considerá-lo indefeso, podendo, neste caso, dissolver o Conselho e designar novo dia para o julgamento, com a nomeação ou a constituição de novo defensor; VI – mandar retirar da sala o acusado que dificultar a realização do julgamento, o qual prosseguirá sem a sua presença; VII – suspender a sessão pelo tempo indispensável à realização das diligências requeridas ou entendidas necessárias, mantida a incomunicabilidade dos jurados; VIII – interromper a sessão por tempo razoável, para proferir sentença e para repouso ou refeição dos jurados; IX – decidir, de ofício, ouvidos o Ministério Público e a defesa, ou a requerimento de qualquer destes, a argüição de extinção de punibilidade; X – resolver as questões de direito suscitadas no curso do julgamento; XI – determinar, de ofício ou a requerimento das partes ou de qualquer jurado, as diligências destinadas a sanar nulidade ou a suprir falta que prejudique o esclarecimento da verdade; XII – regulamentar, durante os debates, a intervenção de uma das partes, quando a outra estiver com a palavra, podendo conceder até 3 (três) minutos para cada aparte requerido, que serão acrescidos ao tempo desta última.

✳ **O que mudou**

O ambiente tranqüilo permite o regular e necessário desenvolvimento dos trabalhos para que a plenitude de defesa e a justiça façam parte do julgamento.

Os juízes leigos que compõem o conselho de sentença nem sempre estão familiarizados com o ambiente forense, ou com as formalidades de uma sessão do Júri, motivo pelo qual precisam de respeito e paz para decidirem de acordo com as provas e a sua consciência.

Compete ao juiz presidente esse difícil trabalho. Deve utilizar seus poderes jurisdicionais para assegurar a plenitude da defesa e a ordem da sessão.

Vamos analisar cada um dos incisos trazidos pela nova redação do art. 497 do CPP, o último integrante do Capítulo II, do Título I do Livro II, que cuida do procedimento relativo aos processos da competência do Tribunal do Júri:

I – *regular a polícia das sessões e prender os desobedientes*: o juiz deve manter a ordem da sessão, mesmo que para isso tenha que mandar prender os responsáveis pela quebra da ordem.

II – *requisitar o auxílio da força pública, que ficará sob sua exclusiva autoridade*: como em todas as audiência que preside, o reforço policial fica à disposição do magistrado para que suas decisões e atos de polícia sejam imediatamente cumpridos.

III – *dirigir os debates, intervindo em caso de abuso, excesso de linguagem ou mediante requerimento de uma das partes*: o juiz presidente deve dirigir os debates entre as partes não permitindo o abuso, o excesso de linguagem no calor da discussão ou caso as partes solicitem sua intervenção. Por esta razão, deve permanecer no plenário de julgamento durante todo o julgamento, ao contrário do que acontece hoje em muitos fóruns do País.

IV – *resolver as questões incidentes que não dependam de pronunciamento do júri*: o juiz deve se manifestar sempre que a situação assim exigir, nos limites materiais de sua competência, não podendo usurpar a função constitucional dos juízes leigos.

V – *nomear defensor ao acusado, quando considerá-lo indefeso, podendo, neste caso, dissolver o Conselho e designar novo dia para o julgamento, com a nomeação ou a constituição de novo defensor*: quando o juiz presidente considerar o réu indefeso, defendemos que ele deverá, em nome da plenitude de defesa, designar novo dia para o julgamento. O novo defensor não terá tempo hábil para fazer um bom trabalho sem conhecer todas as nuances do processo. Assim, discordamos da redação da lei que atribui ao juiz a faculdade de designar nova data.

VI – *mandar retirar da sala o acusado que dificultar a realização do julgamento, o qual prosseguirá sem a sua presença*: o juiz presidente deve ter muito cuidado com essa atribuição. Ela deve ser a exceção, e não a regra. Somente se for indispensável para o andamento dos trabalhos, o réu deverá ser retirado. Fica como sugestão, onde for tecnicamente viável, permitir ao acusado o acompanhamento da sessão plenária por videoconferência. Dos males o menor.

VII – *suspender a sessão pelo tempo indispensável à realização das diligências requeridas ou entendidas necessárias, mantida a incomunicabilidade dos jurados*: a sessão será suspensa para cumprir alguma diligência solicitada pelas partes, como a condução coercitiva de alguma testemunha faltante. Durante esse período, os 7 jurados permanecerão incomunicáveis, sob pena de nulidade do julgamento e dissolução do conselho de sentença.

VIII – *interromper a sessão por tempo razoável, para proferir sentença e para repouso ou refeição dos jurados*: a regra é auto explicativa. Deve prevalecer o bom senso do juiz presidente na especificação de quanto tempo será necessário para cada uma dessas situações.

IX – *decidir, de ofício, ouvidos o Ministério Público e a defesa, ou a requerimento de qualquer destes, a argüição de extinção de punibilidade*: extinta a punibilidade, desaparece o *ius puniendi* estatal. Assim, o juiz tem a obrigação de declarar extinta a punibilidade do réu e encerrar os trabalhos.

X – *resolver as questões de direito suscitadas no curso do julgamento*: são todas as regras previstas na lei de atribuição do juiz presidente, como a gestão da votação dos quesitos.

XI – *determinar, de ofício ou a requerimento das partes ou de qualquer jurado, as diligências destinadas a sanar nulidade ou a suprir falta que prejudique o esclarecimento da verdade*: a regra busca preservar os trabalhos até então feitos e a celeridade da prestação jurisdicional. Se alguma nulidade puder ser sanada na mesma sessão, as diligências necessárias deverão ser realizadas imediatamente, salvo a impossibilidade de fazê-lo.

XII – *regulamentar, durante os debates, a intervenção de uma das partes, quando a outra estiver com a palavra, podendo conceder até 3 (três) minutos para cada aparte requerido, que serão acrescidos ao tempo desta última*: o já conhecido aparte, criado pela prática forense, ganhou *status* de regra positivada. A regulamentação se dá da seguinte forma: a parte intervém na fala da outra, com autorização do juiz, por até três minutos. Esse tempo será acrescido àquele que teve sua fala interrompida, para equilibrar a defesa e a acusação.

Além das obrigações estipuladas neste artigo, o juiz ainda possui outras atribuições, como sortear os jurados, gerir a votação dos quesitos e fixar a pena em caso de condenação.

Considerações finais

As reformas aqui apresentadas são apenas parciais. São três tentativas de aprimorar a legislação da década de 40 do século passado. Modificam artigos importantes do Código de Processo Penal de 1941. Entretanto, tendo em vista a disparidade temporal entre a entrada em vigor do CPP e a data atual, urge seja providenciada a elaboração e aprovação de um novo diploma codificado com regras procedimentais.

Em busca desse novo sistema processual penal, o Senado Federal criou, com o Ato 11/2008, no início de junho deste ano, uma comissão externa de juristas que terá prazo de 180 dias, a contar de 1º de agosto, para apresentar um anteprojeto de reforma do Código de Processo Penal (Decreto-Lei 3.689/41).

A comissão é formada por Antônio Magalhães Gomes Filho (titular de Direito Processual Penal na Faculdade de Direito da Universidade de São Paulo), Eugênio Pacelli de Oliveira (Procurador do Ministério Público Federal e professor universitário), Fabiano Augusto Martins Silveira (consultor legislativo de carreira do Senado Federal), Félix Valois Coelho Júnior (advogado e professor de Direito Penal), Hamilton Carvalhido (ministro do Superior Tribunal de Justiça), Jacinto Nelson de Miranda Coutinho (advogado e procurador do estado do Paraná) e Sandro Torres Avelar (delegado da Polícia Federal).

Trata-se de uma comissão eclética, em que temos acadêmicos, consultores legislativos, magistrados, procuradores, advogados e delegados.

A prática não deve suplantar e o academicismo e vice-versa. O que deve prevalecer é o Estado Democrático e Constitucional de Direito e suas conquistas humanitárias plasmadas na Constituição Federal.

Resumo das principais mudanças

Na Lei 11.719/2008 – Procedimentos penais:

- O juiz criminal fixa, na própria decisão condenatória, o valor a ser indenizado no juízo cível;
- Multa para o defensor que abandonar a causa de forma imotivada;
- Citação por hora certa;
- *Mutatio libelli* por iniciativa do Ministério Público;
- Qualquer prisão deverá ser fundamentada;
- Nova subdivisão dos ritos comum ordinário e sumário;
- Absolvição sumária no rito comum;
- Audiência concentrando todos os atos de instrução num único dia;
- Alegações finais orais;
- Registro dos depoimentos feito pelos meios ou recursos de gravação magnética, estenotpia, digital ou técnica similar.

Na Lei 11.690/2008 – Provas:

- Impossibilidade de o juiz formar sua convicção com base, apenas, nos elementos de prova produzidos na fase do inquérito policial;
- Ônus da prova para quem faz a alegação;
- Possibilidade de o juiz ordenar a produção de prova de ofício, mesmo antes de iniciada a ação penal;
- Mitigação da regra geral da vedação das provas ilícitas por lei ordinária;
- Redução dos peritos oficiais para apenas um, com diploma superior;

- Maior participação do ofendido no processo, sendo comunicado, inclusive, da saída do acusado da prisão;
- Perguntas formuladas diretamente pelas partes para as testemunhas;
- Inquirição de testemunhas por videoconferência;
- Nova hipótese de absolvição do réu prevista no art. 386 do CPP.

Na Lei 11.689/2008 – Júri:
- Fim do libelo e da contrariedade ao libelo;
- Fim do protesto por novo júri;
- Fim da leitura de todas as peças do processo;
- Mudança do cabimento do Recurso em Sentido Estrito para Apelação nos casos de absolvição sumária e impronúncia;
- Idade mínima para ser jurado caiu de 21 para 18 anos;
- Fim da prisão obrigatória decorrente de pronúncia;
- Desaforamento por excesso de serviço na comarca;
- Os apartes ganham regulamentação jurídica no CPP;

Além das alterações acima apresentadas, o leitor pôde constatar que muita coisa mudou no Código de Processo Penal.

Compete a todos nós, juristas e operadores do Direito implementar as regras, dentro dos já estreitos limites da estrutura forense.

Esperamos o estudo aprofundado das mudanças e a resolução dos problemas o mais breve possível.

Com a prestação jurisdicional mais célere, todos ganhamos.

Com a relativização dos direitos e garantias constitucionais, todos perdemos.

Que o equilíbrio continue sendo o ponto central do sistema jurídico nacional.

Diagramação eletrônica:
Microart Com. Editoração Eletrônica Ltda.,
CNPJ 03.392.481/0001-16

Impressão e encadernação:
Orgrafic Gráfica e Editora Ltda.,
CNPJ 08.738.805/0001-49

A.S. L5761-02